Liebe den Versager in dir!

Bettina Vonach

Liebe den Versager in dir!

Ein Buch zur Anwendung und Umsetzung

Bibliografische Information der Deutschen National-bibliothek:
Die Deutsche Nationalbibliothek verzeichnet diese Publikation in der Deutschen Nationalbibliografie; detaillierte bibliografische Daten sind im Internet über http://dnb.dnb.de abrufbar.

2019 | 2. überarbeitete Auflage

© 2013 Name des Autors/Rechteinhabers
Bettina Vonach

Illustration:
Cover: **Bettina Vonach, Bernhard Pfleger**
Fotos: **Sandra Fritthum**
Foto Text: **photocase.com/ Mr. Niko**

Herstellung und Verlag:
BoD – Books on Demand, Norderstedt
ISBN 978-3-7322-8887-8

Inhaltsverzeichnis

Einleitung	9
Teil 1	13
DER VERSAGER	13
WÜNSCHE	19
GEDANKEN	22
Übung:	24
BEWERTUNGEN	27
Übung:	29
ÜBERZEUGUNGEN, GLAUBENSSÄTZE	32
GEFÜHLE	35
Übung:	37
EIGENVERANTWORTUNG	42
Übung:	46
WAS IST MEIN LEBENSPLAN?	48
Übung:	51
Teil 2	55
BEISPIELE FÜR BLOCKADEN	55
Inneres Kind	55
Der Versager	57
Übung:	57
Scham- und Schuldgefühle	58
Wut und Zorn	59
Ängste	60

Masken und Rollen 61

Schatten 62

Spiegel 63

Opfer-Täter-Spiele 64

Wahrheit aussprechen 65

Eigenverantwortung abgeben 66

Machtspiele 66

Manipulation 67

Selbsttäuschung 67

Schuldgefühle 68

Vergebung 68

Geben und Nehmen 68

BLOCKIERENDE MUSTER 69

DROGEN 69

MANIPULATION 72

  Übung: 73

MANGELBEWUSSTSEIN 75

  Übung: 77

ANDERS KOMMUNIZIEREN 79

DAS LEBEN IST JETZT 83

DAS EGO 87

BLOCKADEN BEARBEITEN 97

ANGST BEARBEITEN 104

  Übung: 105

Teil 3 109

KRITISCHE STIMMEN	109
Übung:	112
DIE ELTERN	114
DIE MUTTER	123
DER VATER	127
WAHRE VERGEBUNG	130
DEIN KÖRPER	137
Teil 4	141
URVERTRAUEN	141
GLAUBENSKRAFT	145
EMPFÄNGLICHKEIT	148
MACHT	151
SPIRITUALITÄT	155
UMSETZUNG	162
Übung:	164
WO GEHT DIE REISE HIN?	169
MEIN WEG	171
ANHANG:	173
NOTFALL - ZETTEL	173
NOTFALL PROGRAMM:	175
Quellenverzeichnis	179

Einleitung

Liebe Leserin! Lieber Leser!

Als ich mit diesem Buch zu schreiben begann, war ich vollkommen in dem Bewusstsein ein Versager zu sein. Aufgrund meines Wissens, das ich hier anwenden und dokumentieren wollte, hat sich der Versager in mir immer mehr verändert. Mein größter Wunsch ist es, dass so viele Menschen wie möglich, diese Veränderung erfahren können. Ich bin das beste Beispiel dafür, dass es gelingt. Lass dich mitreißen von meiner Veränderung. Vieles kennst du vielleicht schon. Aber dieses Gesamtpaket, das hier entstanden ist in Verbindung mit meiner geistigen Führung dient einzig und allein der Umsetzung und Anwendung von all der Theorie. Die meisten von uns haben schon so viele Bücher gelesen oder sind gerade erst aufgebrochen, um aus dem ewig selben Kreislauf einen Ausweg zu finden – wie auch immer – ich jedenfalls kann ein Lied davon singen, was es heißt, alles zu wissen, aber nichts oder nur wenig davon anzuwenden! Das war eigentlich der Hauptgrund mich selbst als Versager zu empfinden: alles wissen, aber dieses Wissen nicht anwenden.

Ich lege dir ans Herz es einfach zu tun. Dran zu bleiben, auch wenn es ein bisschen dauert – egal.

Dein halbes Leben bist du vielleicht schon der Erfüllung eines Herzenswunsches nachgelaufen, da darfst du schon etwas Geduld aufbringen bei dem Prozess dich und dein Leben zu verändern. Wenn du nichts tun, nichts verändern willst, auch gut. Es darf sich jeder selbst entscheiden, das Wissen anzuwenden oder nicht. Falls du dich aber entscheiden kannst dieses Wissen anzuwenden, dann stehen dir alle Türen offen.

Ich werde mich in den einzelnen Kapiteln sehr oft wiederholen, da ich dieses Buch auch für unser Unterbewusstsein geschrieben habe. Da es hier vor allem darum geht das Gelesene anzuwenden und umzusetzen dürfen wir es zuvor ganz verinnerlichen, damit wir dann in Alltagssituationen auf die neue Art und Weise und nicht alt reagieren können. Also nicht kritisieren, wenn diverse Beschreibungen sich vom Grunde her ähnlich sind.

Ausschließlich alles was ich in diesem Buch als Blockade bezeichne, bedeutet hier nichts anderes als unsere eigenen energetischen Muster.

Es gibt aber sehr wohl auch negative energetische Einflüsse von außen die uns und unser Leben massiv beeinflussen. Aber dies ist ein anderes Thema und wird vielleicht in einem anderen Buch von mir behandelt werden. In diesem Buch geht es darum, in unsere Kraft zu finden in dem wir unsere individuellen Blockaden transformieren lernen. Durch diese Veränderung können wir auch mit anderen negativen Einflüssen sehr viel besser umgehen lernen.

Des Weiteren sind wir durch die Transformation unserer Blockaden in einem neuen Bewusstsein und dadurch auch nicht mehr so leicht zu manipulieren.

Und nun viel Freude beim Lesen und bei der Entdeckungsreise in deine innere Welt. Es wird auf jeden Fall spannend. Lass dir Zeit, das Gelesene auch auszuprobieren und die Übungen wirklich anzuwenden. Wir alle haben einen Saboteur in uns, der uns immer wieder einreden wird: `Ach, das hab ich doch schon gemacht, das brauch ich nicht´. Wir dürfen uns mit den verschiedenen Themen schon über einen längeren Zeitraum beschäftigen.

Und wenn du dieses Buch beendet hast, beende es nicht wirklich. lies bestimmte Kapitel erneut durch. Das hilft sehr dabei, das neu erworbene Wissen auch zu leben.

Teil 1

DER VERSAGER

Ja, ich bin ein Versager. Jetzt in diesem Augenblick ist der Versager meine Realität. Ich kann ihn noch nicht fühlen, aber ich sehe, was in meinem Leben alles nicht funktioniert. Ich sehe die Reflexion im Außen eindeutig. Ich bin in der vollkommenen Blüte meines Lebens angelangt, aber die Umsetzung meiner Herzenswünsche scheint nach wie vor total blockiert zu sein. Mein bisheriges Leben ist geprägt mit dem Prädikat `Versagerin´. Der Versager in mir zeigt sich in einem ganz bestimmten Teil meines Lebens, der mir immer wieder dieselben Erfahrungen präsentiert. Er kleidet sich in verschiedene Farben und Formen, aber das Ergebnis ist immer das gleiche und endet in einer Frustration. Am Ende habe ich versagt. Immer wieder kämpfe ich um die Befriedigung durch den ersehnten Erfolg, kämpfe um das Gefühl, nach umfangreichen Bemühungen meine Ernte einfahren zu können.

Aber meine Realität ist die eines Bauern mit sehr kargem Boden: ich pflüge, säe und bewässere mein Grundstück, bemühe mich um die Pflänzchen, dass sie wachsen und gedeihen. Aber sie wachsen nicht. Im Gegenteil: sie vertrocknen in dem trockenen, sandigen Boden.

Ich beginne diese Zeilen zu schreiben in dem Bewusstsein vollkommen zu versagen. Und doch glaube ich daran, dass ich mich aus dieser momentanen Wirklichkeit herausholen kann. Denn das Wissen, das ich dazu brauche, habe ich bereits in mir. Ich glaube daran, dass ich jetzt noch als Versager diese Zeilen und meine Erfahrungen niederschreibe, um am Ende des letzten Kapitels mit einer veränderten Realität mit einem vollkommen anderen Erleben meiner bisherigen Lebenssituation abschließen kann. Mit dem Wissen, das ich in mir trage, glaube ich – trotz der vielen Jahre Misserfolg und Versager-Dasein – dass ich mein Leben nun verändern kann und verändern werde! Und wenn ich das schaffe – mir erschaffe – dann schaffst du das ebenso! Davon bin ich überzeugt. Zum einen habe ich das Gefühl wertlos zu sein, solange ich keinen Erfolg habe mit meiner Arbeit. Zum anderen weiß ich, dass ich wertvoll bin, egal was ich tue. Ich weiß es, aber ich fühle es nicht. Ich fühle mich wertlos, weil ich nicht einer bestimmten Vorstellung entspreche. Ich möchte gern von meiner Arbeit leben können. Das kann ich aber nicht. Ich entspreche nicht der Leistungsgesellschaft. Ich bringe nicht die Leistung, habe nicht den Erfolg, der von unserer Leistungsgesellschaft erwartet wird, um alle meine Lebenskosten decken zu können. Finanziell bin ich abhängig von anderen. Das macht mein Gefühl wertlos zu sein noch schlimmer. Ich trage dieses Gefühl schon sehr lange mit mir herum und es ist egal wie viele großartige Talente ich in mir trage, wenn ich damit keinen Erfolg habe – vor allem finanziell. Ich trage weiters die Überzeugung in mir, dass nichts von dem einen Wert hat, außer ich kann damit Geld verdienen. Ich weiß nicht, wann diese Überzeugung entstanden ist, aber sie ist sehr stark. Und mein Gefühl der Wertlosigkeit ist ebenfalls sehr stark.

Findest du dich in dieser Beschreibung irgendwo wieder? Es ist nicht besonders schwierig sich einzugestehen (außer man leidet an einem extremen Verdrängungsmechanismus), dass bestimmte oder ein bestimmter Bereich unseres Lebens absolut unbefriedigend verläuft. Wir erleben über kurz oder lang immer wieder dieselbe Situation mit Frustration und Misserfolg. Irgendeine Form von Versagen, ob zwischenmenschlich, gesundheitlich, beruflich oder finanziell, kennen wir alle und in unterschiedlichen Facetten erfahren wir die Wiederholung. Immer und immer wieder. Manche geben sich irgendwann total auf und resignieren. Andere kämpfen weiter, aufs Neue bis wir uns eingestehen müssen, dass das Resultat wieder im ewig Gleichen endet. Wir drehen uns im Kreis. Sinnlos. Aussichtslos?

Wie gehe ich nun mit dieser Ausgangssituation um? Hier eine kleine Vorschau, wie wir mit dieser Angelegenheit verfahren können, wenn wir möchten: Zuerst mache ich mir bewusst, dass diese Gefühle tief aus meinem inneren Kind heraus entstehen. Ich wende mich also in diesem Moment der Wertlosigkeit an mein Inneres Kind, das ich in meinem Herzen spüre. Ich weiß inzwischen, dass ich nicht diese Blockade bin – ich bin der Teil, der sich diese Realität selbst erschafft. Und solange mein Inneres Kind davon überzeugt ist, es sei vollkommen wertlos, beeinflusst es weiterhin meine Realität, denn mein Gefühl der Wertlosigkeit zieht genau die Situationen in mein Leben, die mir Misserfolg bescheren. Der Weg ist jetzt in diesem gegenwärtigen Augenblick mein Inneres Kind in meinem Herzen zu fühlen, ihm mit Liebe zu begegnen, in Gedanken mit ihm kommunizieren bis ein warmes Gefühl am Herzen spürbar wird.

`Du bist wertvoll, mein liebes Kind, egal was du tust einfach so in deinem Sein mit all deinen Talenten und Eigenheiten bist du ein vollkommenes göttliches Wesen. Du musst nicht beweisen wie großartig du bist. Du brauchst deine Schönheit, deine Großartigkeit und Einzigartigkeit nur dankbar erkennen. Du darfst dich als das vollkommene Wesen fühlen, das du tatsächlich bist. Du bist Gott und Göttin, die/der mit allem verbunden ist. Es ist jetzt unwichtig, ob du in der äußeren Welt Erfolg hast oder nicht. Du bist liebenswert, du bist vollkommen, du bist in jedem Fall ein vollkommener Ausdruck des Lebens. Du musst nichts tun um wertvoll zu sein. Lass die Idee los, du müsstest irgendetwas erreichen. Wenn du Bilder malst, die keiner kaufen will. Wenn du Gedichte schreibst, die keiner lesen will. Wenn du Kleider nähst, die keiner haben will. Wenn du deine Arbeit anbietest, die keiner zahlen will. Wenn du für deine Kinder da bist und auf deine Arbeit verzichtest. Wenn du eine Krankheit hast und du deine Familie brauchst, glaubst du wirklich, dass du deshalb wertlos bist? Ein Baby, das schläft, schreit, trinkt und in die Windeln macht, tut nichts um wertvoll zu sein – es ist einfach wertvoll! Es ist geliebt und wertvoll. In diese Selbstverständlichkeit für unseren Selbstwert und unsere Selbstliebe haben wir zurück zu finden. Wir dürfen uns bewusst machen, dass Selbstwert und Selbstliebe rein gar nichts mit dem Außen zu tun haben. Diese schönen Gefühle können wir ab sofort hegen und pflegen und das Erleben wird sich von selbst verändern. Das einzige was wir dazu tun dürfen ist uns selbst zu beobachten jeden Tag. Schnelle Veränderung erreichen wir mit der Beobachtung eines jeden Gefühls. Wie fühlt sich das an? Diese Frage wird uns von nun an immer beschäftigen. Jede und jeder einzelne von uns hat das Recht ein Leben in Freude, Liebe, Harmonie und Frieden leben zu können. Ganz gleich was wir im Außen sind, was im Außen passiert. Je größer die Liebe zu uns selbst wird, umso leichter gelangen wir in das Vertrauen zu uns selbst und in das Leben. Abhängigkeiten lösen sich auf, Ängste lösen sich auf, Unfrieden löst sich auf. Es zeigt sich, dass wir vom Leben mit allem versorgt sind. Wir fühlen uns frei und eigenverantwortlich.

WÜNSCHE

Ich stelle mir folgende Fragen: Glaubst du, dass du vollkommen glücklich und zufrieden bist, wenn sich all deine Wünsche erfüllen, wenn du all deine Ziele erreicht hast? Bist du dir ganz sicher, dass du zufrieden bist, wenn du diese Lebensumstände erreicht hast? Nimm auch du dir Zeit diese Fragen zu beantworten. Fühle in dich hinein, wenn du nach der Antwort suchst.

Ich behaupte, dass die Zufriedenheit – der Friede mit uns selbst – und die Lebensfreude absolut nichts mit der Erfüllung meiner Wünsche im Außen zu tun hat. Es ist umgekehrt. Wir können unsere Ziele manifestieren und unsere Wünsche ehrlich loslassen, wenn wir in uns Frieden und Harmonie empfinden können. Das Fokussieren von Zielen ist schön. Es ist gut zu wissen, was wir gern leben möchten und welche Visionen wir in diesem Zusammenhang haben. Die Wunscherfüllung kann aber nur schwer passieren, wenn wir in unserer gegenwärtigen Situation einen Unfrieden verspüren. Unzufriedenheit hat immer etwas mit einem Zustand von Mangel zu tun. Irgendetwas in meinem Leben fehlt mir anscheinend um Lebensfreude genießen zu können. Vielleicht empfinden wir sogar tief in uns einen Selbsthass, weil wir noch nicht da sind, wo wir sein wollen. Selbst wenn wir durch Anstrengung gewisse Ziele erreichen, was passiert dann?

Das Glücksgefühl und die Zufriedenheit und Freude bleiben einen flüchtigen Moment erhalten. Dann taucht plötzlich etwas auf, das wir so nicht erwartet haben, das uns erst recht wieder Unfrieden bereitet. `Das hab ich mir so nicht vorgestellt´ sagen wir dann zu uns und die Leichtigkeit verfliegt, die Schwere kehrt zurück in unser Leben.

Es ist einfach nicht möglich die inneren Zustände zu ändern, weil wir etwas erreicht haben. Es ist auch nicht leicht, Veränderung herbeizuführen, wenn wir in unserem Unterbewusstsein Überzeugungen mit uns tragen, die unser Leben ständig sabotieren. Ich meine hier nicht, dass wir nicht alles dafür tun sollen, um unsere Lebensaufgabe erfüllen zu können. Jeder von uns hat seine Lebensaufgabe, seine Berufung, die wir an unseren Talenten erkennen. Wir haben diese Talente, diese Geschenke der Fülle in uns, nicht zufällig mitbekommen. Und ich bin davon überzeugt, dass uns nur die Umsetzung unserer Lebensaufgabe wahre Erfüllung bringt. Aber der Weg dorthin ist ein Weg mit und in die Selbstliebe. Der Weg mit uns selbst und unserer jetzigen Situation im Frieden sein können, liebevoll und im Mitgefühl für uns selbst und diese Lebenssituation sein können – das ist der Weg in die Fülle. Aus diesem Gefühl des Mitgefühls und der Selbstliebe, das mit der Zeit immer stärker wird, wenn wir unsere kritischen Gedanken und destruktiven Gefühle als Unwahrheit aufdecken, entsteht das Vertrauen zu uns selbst. Wir decken die Unwahrheit auf, dass wir doch richtig sind, so wie wir sind. Wir decken die Unwahrheit darüber auf, dass wir doch nicht zu wenig sind, doch gut genug sind. Wir decken die Unwahrheit darüber auf, dass wir auch absolut liebenswert sind. Es ist ganz einfach. Wir brauchen uns nur auf unsere Gefühle einlassen, unsere Gedanken beobachten, viel mit unserem Inneren Kind kommunizieren und dürfen erkennen, dass wir ganz jemand anders sind, als wir es immer gedacht haben. All die Gedanken und Gefühle des `ich bin nicht gut genug´ oder so ähnlich verlieren ihre Kraft und Macht über uns. An ihre Stelle kommt das Bewusstsein, dass wir perfekt sind, so wie wir sind, dass wir vollkommen richtig sind und das Licht in uns und der Glaube an uns wird ständig größer. Aus diesem neuen Bewusstsein entsteht unsere veränderte Wahrnehmung und eine neue Realität. Das ist der Weg in die Wunscherfüllung: zuerst verändern wir unsere Selbstwahrnehmung, dann kann die Welt um uns sich ebenfalls verändern. Wie diese Veränderung in uns möglich ist, liest du auf den folgenden Seiten.

GEDANKEN

Ich denke von mir selbst, dass ich versage, ein Versager bin. Aber **warum** denke ich das? Ich könnte mein Leben genießen und voller Freude und Leichtigkeit sein, ohne mich schlecht zu fühlen. Das kommt in erster Linie daher, weil wir Menschen dazu tendieren uns nur auf den Mangel zu konzentrieren. Aber dazu später.

Warum also denke ich, ich sei ein Versager?

A: Weil mir meine Realität genau das widerspiegelt.

B: Weil mein Leben so verläuft, dass ich zu diesem Resultat kommen muss.

Ich denke über mich, ein Versager zu sein. Das ist mir bewusst. Ich stelle mir die Frage: Was war zuerst da?

Mein Versagen

oder

der Gedanke und die Angst vor dem Versagen?

Wenn wir auf die Welt kommen, sind wir einfach. Wir leben im Augenblick, vertrauen darauf, dass unsere Bedürfnisse erfüllt werden und melden uns, wenn etwas fehlt. Irgendwann im Laufe unseres Heranwachsens erfahren wir, dass man an uns

Erwartungen stellt, dass wir `Fehler´ machen und diese Fehler von unserer Umgebung als negativ beurteilt werden.

Es gibt ein Gesetz, das Wissen darüber, wie das Leben funktioniert und es besagt:

Du bist, was du denkst!

Wenn ich von mir überzeugt bin, ich bin ein Versager/ eine Versagerin, dann bin ich logischerweise dieser Versager/ diese Versagerin. Es bestätigt sich das, was ich über mich selbst denke. Ich lebe dann so, dass ich mir ständig bestätige, was ich von mir denke. Mein Leben bestätigt mir meine Gedanken. Da wir meistens schon sehr lange mit dieser Überzeugung unterwegs sind, ist uns auch gar nicht mehr bewusst, ob wir zuerst die Erfahrungen gemacht haben und dann die Überzeugung entstanden ist oder zuerst die Gedanken da waren, worauf hin die Erfahrungen entstehen. (Das hat sehr viel mit unseren Eltern zu tun, aber dazu später) Was für uns wichtig ist, ist einzig die Tatsache, dass unsere Gedanken ein Energiefeld erzeugen. Das ist nichts Neues. Gedanken sind Energie. Wir sind Energie. Und so ziehen wir gemäß unserer etwa 60.000 Gedanken täglich (und den dazugehörigen Gefühlen) ALLES in unser Leben.

`Ich denke, ich bin es nicht wert geliebt zu werden´.

`Ich denke, ich bin nicht gut genug´.

`Ich denke, ich schaffe das nicht´.

Zigtausend Mal diese und ähnliche unbewusste Gedanken jeden Tag = Meine Realität: ich bin ein Versager. Wir glauben und denken und sind davon überzeugt, dass wir in irgendeinem Bereich unseres Lebens versagen. Genau das zeigt uns unser Leben auch.

Aber was ist mit den übrigen Bereichen unseres Lebens? Was denken wir hier über uns? Sind wir da zufrieden? Fühlen wir uns hier wertvoll und anerkannt? Meistens ziehen sich eine Überzeugung und ein Gefühl, das wir in uns tragen, durch unseren gesamten Alltag. Wir sind niemals überall Versager, aber die Frustration darüber wird irgendwann so groß, dass wir keine echte Freude mehr genießen können. Unsere Vitalität leidet darunter genauso wie unsere Beziehungen, oder unser Beruflicher Erfolg. Je nachdem worum es sich handelt. Oft auch im Burn-out. Es scheint gleichgültig zu sein, was uns im Leben begegnet, wenn die Grundüberzeugung in mir negativ besetzt ist. Wir denken und fühlen uns überall so, als wären wir nicht gut genug oder würden etwas falsch machen und das meist unbewusst. Beobachten wir uns ganz ehrlich, zieht sich der Versager durch unser gesamtes Sein!

<u>Übung:</u>

In der ersten Übung geht es nun darum, diesen Teil in uns ganz ehrlich wahrzunehmen. Was denken und fühlen wir wirklich über uns selbst, egal welche Erfahrung wir im Außen gerade machen? Nehmen wir uns mal drei Tage Zeit für die Selbst - Beobachtung.

Sei ehrlich mit dir:

- Wann bist du mit dir zufrieden?
- Wann empfindest du Frieden und
- Harmonie?
- Wann empfindest du echte Freude in deinem Leben?

Die Beobachtung unserer Gedanken und Empfindungen ist der erste Schritt, denn wir können sicher nichts verändern, was wir nicht glauben zu sein. Zum Beispiel bewerten wir uns und unser Leben unbewusst andauernd. Warum? Weil wir einteilen in gute Erfahrung, schlechte Erfahrung. Angenehme Gefühle möchten wir behalten, unangenehme verleugnen wir oder verdrängen diese ganz. Und genau das ist der Punkt: wenn wir verleugnen, dass wir unzufrieden sind, dass wir uns als Versager sehen, dann ist die Veränderung nicht möglich. Zuerst müssen wir so ehrlich sein und vor uns selbst zugeben, wie wir uns tatsächlich fühlen. Wer hat uns gesagt, dass wir nur erfolgreich, anerkannt und wertvoll sind, wenn wir eine bestimmte Sache in unserem Leben geschafft haben? Wer bestimmt über Erfolg und Misserfolg? Wer bewertet definitiv, ob wir erfolgreich sind oder Verlierer? Es sind unsere Prägungen, wo auch immer diese herkommen. Das Wort Prägung beschreibt es sehr gut, was mit uns von der frühesten Kindheit an passiert. Anstelle von den Gedanken und Gefühlen perfekt und vollkommen zu sein, so wie wir sind, ohne etwas Besonderes tun zu müssen, werden wir von einem Wertesystem geformt, das uns zeigt, was richtig und falsch ist, was uns an Wert steigen lässt und was unseren

Wert mindert. Wir alle wissen, dass unser Leben von Werten wie Vitalität und Jugendlichkeit, Power, Schönheit, Bildung und Karriere geprägt sind. Wenn wir in irgendeiner Weise diesen Maßstäben nicht oder nur gering gerecht werden, erleben wir von außen aber auch in uns eine Abwertung unser selbst. Darum ist der erste Weg in die Veränderung, ehrlich zu erkennen, was wir an uns selbst abwerten und verurteilen. Meine heutige Prägung, mein geformtes Bewusstsein aus irgendeiner Vergangenheit, erklärt mir täglich und zehntausende Male: `Du bist ein Verlierer, ein Versager´. Unsere Kindheit, Vater, Mutter, deren Vorleben ist uns jetzt erst einmal egal. Wir machen uns im Jetzt bewusst, welche Prägungen unser Leben beherrschen und wir können ohne in die Vergangenheit abzutauchen diese Prägungen aus denen unsere Bewertungen über uns selbst resultieren, ändern. Wie wir diese verändern? Es reicht fürs Erste, uns bewusst zu machen, dass all die bewertenden, destruktiven, Energie raubenden Gedanken einfach nicht stimmen. Sie sind das Ergebnis der Prägung unserer Umwelt – vor allem während der Kindheit. Machen wir uns gleich jetzt klar: wir sind vollkommene Geschöpfe, wir sind perfekt. Jedes Baby und Kleinkind ist perfekt. Was hat sich geändert seit damals? Unsere Gedanken über uns. Und diese gehören wieder `umgeprägt´, diesmal durch uns selbst. Denn wir sind perfekt und vollkommen mit allen unseren Seiten, wie auch immer diese aussehen.

BEWERTUNGEN

Wir sind bewertende Wesen. Da kommen wir nicht drum herum. Aber wir können uns unser Bewerten bewusst machen. Denn nur durch unser Einteilen in gut und schlecht entsteht überhaupt erst der Grund, dass Misserfolg schlecht ist. Wir haben im Moment in einem bestimmten Lebensbereich einfach noch keinen Erfolg. Fertig. Und wir werden in das Bewusstsein gelangen, dass es okay ist. Achtsames Beobachten ist die Lösung, denn wir bewerten uns ständig und somit auch andere. Alles, was uns an uns selbst nicht gefällt, stört uns auch bei anderen Menschen. Das sind dann unsere Spiegel. Wenn wir bei anderen kritisieren, ohne zu verstehen warum, dann sehen wir dort unseren eigenen verdrängten Teil, den wir so sehr ablehnen, dass wir ihn an uns selbst gar nicht mehr wahrnehmen können. Das ist dann einer unserer Schatten. Die Selbstbeobachtung wird uns so gesehen vereinfacht, wenn wir herausfinden, was uns an anderen stört. All die Wesensanteile an uns, die von unserem Verstand und dem Kollektiv als negativ gelten, fallen uns besonders schwer zu erkennen. Hier kann uns ein sehr offener Freund oder Bekannter, der keine Angst hat auszusprechen was ihm/ihr bei uns auffällt, sehr weiterhelfen. Wir dürfen dabei nie vergessen, dass es um unsere Veränderung und somit um unsere Heilung geht. Bewertung bringt mich immer in eine Abwärtsspirale. Das kann so schlimm sein, dass ich meine Talente und meine Schönheit gar nicht mehr wahrnehme. Das Bewerten von anderen ist genauso Selbstbewertung. Wir lehnen Teile von uns ab, die uns von anderen vor die Nase gehalten werden. Das ist unangenehm. Und so machen wir lieber den anderen schlecht als uns einzugestehen, dass wir diesen Teil an uns selbst ablehnen. Selbstablehnung ist das Gegenteil von Selbstliebe. Irgendwann im Laufe unseres Lebens wird der Frust mit mir so groß, dass ich nur mehr aggressiv oder depressiv bin, oder einen immensen Druck verspüre etwas Besonderes leisten zu müssen. So kann es nicht funktionieren. So kommen wir nie in den Frieden und die Harmonie mit uns selbst. Da die Bewertungen Großteils unbewusst in unserem Gehirn ablaufen, geht es zuerst wirklich darum die Achtsamkeit zu entwickeln, um unsere Gedanken genau unter die Lupe nehmen zu können. Das ist Arbeit aber nur so können wir die Bewertungen stoppen. Und mit der Zeit werden wir immer sensibler und schneller in unserer Beobachtung. Ziel ist also zu aller erst meinen Versager in mir ganz neutral zu sehen. Das Versagen wird somit ein Seins-Zustand. Zuerst sind wir einfach (noch) nicht erfolgreich. Wir bewerten uns nicht mehr. Alle Gedankenstrukturen, wie `ich schaff das nicht´ wandeln wir um in ein:

Es ist okay, ich bin noch nicht dort, wo ich sein möchte,
aber ich bin jetzt liebevoll mit mir.

Betrachten wir all diese Gedanken und ähnliche, wie `ich bin nicht gut genug´ und `ich genüge nicht´ als das, was sie sind:

antrainierte Hirnstrukturen

Und so wie wir uns diese Strukturen von der Kindheit bis heute antrainiert haben, können wir sie jetzt um trainieren.

Übung:

Die zweite Übung besteht darin, mindestens drei Tage lang alle Versagergedanken in dir zu beobachten. Schreib sie am besten alle auf und entdecke diese Versagergedanken im Alltag wieder. Dann halte in diesem Moment kurz inne und sag zu dir selbst:

`Ja, ich habe diese Gedanken. Sie sind in meinem Kopf. Sie sind weder gut noch schlecht, sie sind einfach da´.

Du brauchst dir selbst und anderen nichts beweisen.
Du bist perfekt, so wie du bist.
Du bist ein vollkommener Ausdruck des Lebens.
Du bist ein Wunder des Lebens.
Es gibt nichts, das du erreichen musst, es gibt nichts,
das du tun musst, um dich aufzuwerten!
Du bist großartig, so wie du bist.

Wie agieren und reagieren wir normalerweise mit unseren Versagergedanken, weil wir es nicht anders gewusst haben?

Wir bemühen uns, etwas zu erreichen, etwas zu verändern. Wir bemühen uns um Kunden, um Gespräche, um Anerkennung, um eine Beziehung. Wir studieren viele Jahre um uns zu beweisen, dass wir gut sind. Wir arbeiten bis zum Umfallen, bis zum Burnout, um uns zu beweisen, wie gut wir sind. Wir empfinden keine echte Freude mehr, wir erleben unser Leben aus dem ewigen Drang heraus uns selbst etwas beweisen zu müssen. Da wir in uns diese Gedankenstruktur des Versagers haben und diese Gedanken wie ein Magnet unsere Realität bestimmen, mühen wir uns ab – ohne jeglichen Erfolg. Oder wir mühen uns ab, haben oberflächlichen Erfolg, aber keine Lebensfreude mehr in uns. Also auch keinen echten Erfolg. Mit jeder Situation, die wieder und wieder im Misserfolg endet, bekommen wir unseren Versager bestätigt. Wir bekommen das bestätigt, was wir über uns selbst glauben und über uns denken. Nehmen wir die Vorstellung weg, wir könnten erst glücklich und zufrieden mit uns und unserem Leben sein, wenn wir das EINE erreicht haben. Oft stellt sich heraus, dass wenn sich unser Herzenswunsch endlich erfüllt, ganz neue Herausforderungen auf uns zu kommen, mit denen wir nicht gerechnet haben. Oder wir sind sofort auf der Jagd nach etwas Neuem. Ständig laufen wir dem Wunsch hinterher, glücklicher und zufriedener sein zu können, Freude und Harmonie empfinden zu können. Wir bestrafen uns mit Selbstabwertung, wenn wir unsere Ziele (noch) nicht erreicht haben.

Friede, Freude und Harmonie finden wir so jedenfalls nicht. Wir erreichen diesen Zustand nur, wenn wir jetzt unser Leben betrachten, das verändern und loslassen, was nötig ist, die Geschenke erkennen lernen und uns selbst annehmen, wie wir sind um mit uns in Frieden sein zu können. Das ist der Weg.

ÜBERZEUGUNGEN, GLAUBENSSÄTZE

Der Versager in uns ist eine Prägung. Der Versager in uns ist eine Überzeugung. Der Versager in uns ist ein Glaubenssatz. Der Versager in uns ist ein Gefühl. Das ist die Wahrheit. Die Prägung, die Überzeugungen, den Glaubenssatz, die Gefühle transformieren, heißt den Versager in uns zu transformieren. Das erfordert Geduld und den ehrlichen Wunsch zur Veränderung. Wir brauchen uns selbst nur beobachten, wo wir uns als Versager fühlen, welche Gedankenmuster durch unseren Verstand huschen und welche Prägungen wir von unseren Eltern mitbekommen haben. Mit unseren Gedankenstrukturen verhält es sich so: Sie sind oft unbewusst und wir kreieren uns zuerst Situationen um unsere Glaubenssätze ausfindig zu machen. Natürlich kann man sich auch Situationen kreieren ohne dahinter zu blicken, was läuft.

Ich gehe davon aus, dass wir bereit sind dahinter zu blicken, denn unser Unterbewusstsein kreiert viele Situationen und wenn wir keinen Fokus auf die Selbstbeobachtung unserer Gedankenstrukturen haben, hilft uns das wenig. Jede Situation im Außen, die uns hilflos und verzweifelt macht oder zornig und aggressiv – wie auch immer, das kommt auf unsere Prägung an – bringt uns in den Glauben, ein Opfer dieser Umstände zu sein. Aber genau das Gegenteil ist der Fall. Unser Unterbewusstsein erschafft das, was wir energetisch in uns tragen. Daher sind diese aufregenden Ereignisse, die uns aufrütteln wollen - auch wenn sie uns unangenehm erscheinen - eine großartige Möglichkeit dahinter zu kommen, was genau in uns vorgeht. Welche Glaubenssätze und Überzeugungen über uns selbst und unser Leben in unserem Mentalen Gefüge abgespeichert sind und von dort aus ihrem Einfluss auf unsere Wahrnehmung und Realität nehmen, erfahren wir – so wie bei der Bewertung auch - wieder durch die Selbstbeobachtung. Wir beobachten also von nun an nicht nur unsere Bewertungen über uns selbst und andere und sagen `Stopp´ in dem Moment, wo wir sie erkennen, sondern schauen uns genau an, welche Überzeugungen wir in unserem Hirn abgespeichert haben. Dies gelingt uns am ehesten, wenn wir unser Leben und bestimmte Lebenssituationen betrachten und uns dann selbst fragen: `Welche Gedanken in Form von Glaubenssätzen und Überzeugungen habe ich zu dieser Angelegenheit? Was steckt dahinter, wenn mir mein Partner spiegelt: Du bist nicht liebenswert. Oder meine Kinder mir durch ihr Verhalten ausdrücken: Mama, du nervst. Oder der Chef zeigt mir durch sein Verhalten: Du bist so wertlos, du musst froh sein, wenn du deine Überstunden bezahlt bekommst; lieber würde ich dir gar nichts zahlen, so wertlos ist deine Arbeit. Es ist nicht so schwierig dahinter zu kommen, welche Gedanken uns hier beherrschen.

In den oben genannten Beispielen sind es die Überzeugungen:

    Ich bin nicht liebenswert.

Ich bin keine gute Mutter.
Meine Arbeit taugt nicht.

Das ist uns allen mehr oder weniger bekannt. Aber was wir daraus machen, ist eine Aufregung über den oder die anderen. Wir sind es gewohnt, mit unserer Aufmerksamkeit nie bei uns zu bleiben. Wir ärgern uns über diese Menschen oder die Situation und achten nicht darauf, wo sie eigentlich herkommen. Sie entstehen in uns. Die Reaktionen unserer Familienmitglieder und Arbeitskollegen sowie Chefs entstehen durch uns.

Wie kann ich nun mit meinen Überzeugungen arbeiten, damit sie mich nicht mehr sabotieren?

Wenn ich mit der Beobachtung meiner Gefühle arbeite (weiter unten beschrieben) komme ich zugleich an meine Überzeugung heran, die mit diesem Gefühl einhergeht. Es ist nicht so wichtig, was zuerst da war: Gefühl oder Überzeugung. Wichtig ist nur, dass wir die Überzeugung und den Glaubenssatz als Unwahrheit aufdecken. Ob wir uns die Überzeugungen aufschreiben und durch positive Formulierungen ersetzen wollen, oder in den jeweiligen Situationen durch die Selbstbeobachtung unsere Überzeugungen einfach als unwahr erkennen und somit auf der Stelle verändern, ist je nach Bedarf selbst zu entscheiden. Auf welche Weise auch immer wir mit unseren Überzeugungen arbeiten möchten, verändern müssen wir sie auf jeden Fall, da sie sonst weiterhin großen Einfluss haben auf unsere Realität.

GEFÜHLE

Wir erkennen nun unsere Versager - Gedanken und die, die wir anderen aufdrücken, lernen gerade uns nicht zu bewerten, unsere Gedankenstrukturen zu erkennen und unsere Überzeugungen sowie Glaubenssätze als unwahr aufzudecken. Das ist einmal ein Anfang. Aber was nun? Gedanken erzeugen Gefühle und Gefühle bringen Gedanken hervor. Unsere Mentalen und Emotionalen Strukturen sind nicht voneinander getrennt. Wir haben zu den Gedanken ein Gefühl und umgekehrt. Sobald wir uns auch ein Gefühl zu unseren Versagergedanken eingestehen, haben wir schon fast gewonnen, denn dieses Gefühl ist auch schon ewig bei uns und in uns. Es sind die Gefühle, die andere in uns auslösen, wenn sie uns kritisieren. Manchmal genügt es bereits, wenn uns andere `gute Ratschläge´ geben oder uns auf etwas hinweisen möchten. Die Gefühle kommen aber auch in Situationen, wo wir andere bewundern oder beneiden. Oder wenn wir uns selbst in einer Niederlage wieder finden. Oft sind wir durch diese Gefühle zuerst richtig wütend auf uns selbst und andere. Hinter der Emotion Wut zeigt sich aber dann unser Gefühl, das wahrhaftig sehr schmerzhaft sein kann. Dieses Gefühl wollen wir auf keinen Fall spüren, denn es ist der Abschaum, das Letzte, das Minderwertigste in uns, das wir an uns selbst wahrnehmen. Zuerst tut es sehr weh. Aber keine Angst vor diesem Gefühl, wir werden lernen es zu lieben. Und durch unsere Liebe darf es sich verändern. Es wird plötzlich leichter, es wird sanfter, bis wir uns mit diesem Gefühl genau so lieben können wie wir sind. Und somit darf es sich transformieren.

Die wirkungsvollste Übung dazu ist, dieses Gefühl als unser eigenstes, kleines Kind in uns wahrzunehmen. Das kleine verängstigte Kind in uns, der kleine Junge, das kleine Mädchen, sind immer allgegenwärtig. Alles, was wir entscheiden, wird von diesem kindlichen Teil in uns beeinflusst. Dieses Kind hat vom ersten Moment seines Wachstums verschiedenste Formen von `nicht angenommen sein´ erfahren. Weiters Ungeliebt-Sein, Missachtung und Schmerz. Jedes Kind hat einen oder mehrere dieser Gefühle erfahren, da unsere Eltern und unser Umfeld ebenso diese Gefühle in sich tragen. Sie wussten es nicht besser. Wir brauchen niemandem die Schuld zuweisen. Die Gefühle des Versagers, des `Nichts-Wert-Seins´, des `Nicht- Genügens´ und des `Etwas-Falsch-Machens´ sind unsere verletzten, ängstlichen Inneren Kinder. Sie in den Arm zu nehmen und zu lieben dürfte uns nicht schwer fallen, wenn wir wissen, dass es die kleine Person in uns ist, die in uns diese Gefühle hervorruft.

Wir dürfen jetzt mit unserem kleinen Kind in uns arbeiten, indem wir all die Gefühle des `Nicht-Richtig-Seins´, der Ablehnung und des Schmerzes zu uns nehmen. Im Außen würden wir auch kein verängstigtes kleines Kind wegstoßen und sagen: `Verschwinde!´ Aber genau das tun wir die ganze Zeit, wenn wir diese Gefühle wegdrücken und negieren. Wir brauchen uns nur darauf einlassen, es fühlen zu wollen. Man kann es tatsächlich fühlen. Genau in den Momenten, wo wir durch eine Begebenheit wütend werden, schauen wir hinter die Wut. Wenden wir die Aufmerksamkeit weg von dem Verursacher nach Innen und dann können wir es fühlen. Wie gesagt, es schmerzt. Es tut weh, wenn wir in das Gefühl hinein tauchen. Aber sobald wir es zu uns nehmen, es als einen Teil von uns, einen Teil irgendeiner Vergangenheit von uns in Liebe annehmen, kann es sich sofort verändern. Das nennt man Transformation.

Und sag jetzt nicht: `Das kann ich nicht´. Denn wenn wir das nicht können, dann können wir uns nicht heilen. Der Versager wird uns weiterhin seine Wirklichkeit präsentieren. Der Versager ist genauso das verängstigte kleine Kind in dir und mir. Er hat immer Angst vor zu wenig Anerkennung, er hat Angst vor Ablehnung. Er fühlt sich minderwertig, so wie unser Inneres Kind.

Unser verletztes Inneres Kind ist die Summe allen Ungeliebt- Seins,
die wir erfahren haben.

Es gibt ein geistiges Gesetz: Wie innen, so außen. All die Gedanken, Überzeugungen und Gefühle, die wir mit uns herumtragen, sind wie ein Magnet. Und so ziehen wir die Realität in unser Leben, die wir als energetischen Cocktail in uns haben.

Übung:

Mit dieser Übung tauchen wir ein
in deine Gefühle:
Setz dich in Ruhe hin und entspanne dich, deinen Kopf, deine
Gesichtszüge, dein Unterkiefer, lass alles locker.
Entspanne deinen Nacken, deine Schultern mit jedem Ausatmen.
Atme ganz ruhig und tief in deinen Bauch ein und
atme vollkommen aus. Wenn du richtig entspannt bist, atme
rosafarbenes Licht in dein Herz ein,
so lange, bis du spürst,
wie es sich öffnet. Dein Herz wird weiter und weiter, mit jedem
Atemzug. Wenn du bereit bist, bitte nun dein Inneres Kind sich zu
zeigen. Vielleicht fühlst du es, vielleicht siehst du es vor
deinem geistigen Auge. Nimm das kleine Kind nun in dein Herz.
Tröste es, wenn es sich allein fühlt.
Sei ab sofort für dein kleines Kind
immer da.
Und wenn du in deinem Versagerbewusstsein bist oder dich
gekränkt fühlst oder du dich selbst ablehnst, nimm dir Zeit und
geh genau dann zu deinem Inneren Kind in deiner Brust und

schick ihm ganz viel Liebe. Oder warte einfach, bis sich ein warmes
Gefühl in deinem Herzen ausbreitet.
Hab keine Angst, diese Gefühle machen dich lebendig. Du spürst,
dass du lebst. Lass die Tränen fließen und sei lieb mit dir!

Diese Übung ist hilfreich, wenn wir sie über einen längeren Zeitraum anwenden. Es erleichtert vieles, wenn wir mit unserem Inneren Kind eine Beziehung aufgebaut haben. Sobald wir eine Art von Unzufriedenheit in uns verspüren, können wir sicher sein, dass wir den Versager in uns verurteilen. Wir können dann nicht in Frieden sein mit uns selbst. Machen wir uns von nun an bewusst, dass wir dabei immer das verängstigte kleine Kind in uns verurteilen, das davon überzeugt ist, es sei nicht gut genug, nicht liebenswert genug, nicht wertvoll. Das ist auch der Grund, warum wir uns für andere verbiegen wollen. Wir sind abhängig von der Zuneigung der anderen, weil wir uns selbst zu wenig sind.

Alles geht über unser Gefühl. Fühlen wir uns schlecht, sind wir nicht in der Liebe zu uns selbst. Sobald wir uns schlecht fühlen, können wir das Gefühl in dem Teil des Inneren Kindes in uns finden und wir können die Gedanken und Gefühle zuordnen.

Was zu tun ist....

- **Erkenne deine Gedankenstrukturen und Überzeugungen, die dich zum Versager werden lassen**
- **Beobachte dich und deine Gedanken völlig neutral**
- **ohne Bewertung**
- **Beginne in deine Gefühle einzutauchen**
- **Fühle dein Inneres Kind**

Wir dürfen schon einiges an Geduld aufbringen, wenn wir unsere Gefühle beginnen anzunehmen und unsere Glaubenssätze, die uns blockieren, umwandeln in unterstützende magnetische Energien.

Im Grunde wissen wir doch, dass wir ganz außergewöhnliche Talente besitzen. Die hinderlichen Glaubenssätze, wir seien zu wenig, beherrschen unser gesamtes Leben bis wir ihnen die Kraft und Macht über uns nehmen. Wenn die Ängste kommen und die Glaubenssätze in unserem Bewusstsein auftauchen, schreiben wir sie mit unserer Gedankenkraft im Hier und Jetzt einfach um. Die Angst, als Gefühl, als Emotion, nehmen wir zu uns. Und das Wichtigste: wir bleiben dran! Wir arbeiten, wir gehen ins handeln -jeden Tag ein bisschen für die Verwirklichung unserer Herzenswünsche. Nicht verkrampft und freudlos, sondern so, dass es uns Freude bereitet. Und wenn wieder Zweifel auftauchen – und die tauchen mit Gewissheit auf – wieder die oben beschriebene Übung anwenden, den Transformationsprozess ausführen.

Auszug aus dem Tagebuch:

`Ja, ich habe Angst nicht genug zu sein. Ich habe Angst, dass sich an meiner jetzigen Situation rein gar nichts verändern lässt. Dass ich meine Herzenswünsche nicht manifestieren kann. – STOP! –

Du bist meine Angst, ich kann dich fühlen. Ich spüre dich. Ich habe dich im Laufe meines Lebens irgendwann in meiner Kindheit erschaffen. Du bist ein Teil von mir. Ich nehme dich jetzt liebevoll in meinem Herzen auf´.

EIGENVERANTWORTUNG

Alles hat eine Schwingung. Die Atome unserer materiellen Welt schwingen. Der Leerraum zwischen den Atomen ist weit größer als die Atomverbindungen selbst. Alles ist durchdrungen von einem Bewusstsein, von Energie. Unsere Körper schwingen. Jeder Gedanke hat eine Schwingung. Wasser lässt sich in seiner Molekularstruktur verändern durch die Schwingung bestimmter Worte. Das ist alles nichts Neues und doch haben wir anscheinend Angst, uns mit unserer eigenen Schwingung auseinanderzusetzen. Wir alle sind Geschöpfe mit einer Schwingung, mit einer elektromagnetischen Schwingung und gemäß dieser Schwingung ziehen wir **alles** in unser Leben, ausnahmslos. Schwingen wir in der Frequenz des Versagers, erleben wir unsere Realität als Versager. Schwingen wir in der Frequenz der Liebe, erfahren wir diese Liebe überall wo wir hingehen. Beobachten wir einmal ganz genau, wenn wir an unseren Versagen denken:

Wer hat uns in diese Lage gebracht? Wer trägt die Verantwortung unserer Meinung nach? Da fällt uns schon jemand ein, nicht wahr?

Lass die folgenden Sätze auf dich wirken und lies sie dir am Besten hundertmal laut vor:

**Ich bin vollumfänglich verantwortlich
für meine Gefühle, die meine Realität kreieren.**

**Ich bin der Schöpfer meiner Gefühle,
die mein Leben erschaffen.**

**Ich bin der Schöpfer meiner
Gedanken,
die meine Gefühle und meine Realität
manifestieren.**

Wenn wir beim Lesen dieser Zeilen einen Widerstand verspüren, sind wir noch nicht bereit. Aber das macht nichts, denn der Widerstand sagt auch, dass wir an uns arbeiten dürfen. Wir spüren einen Widerstand, wenn wir nicht glauben können, dass wir selbst verantwortlich sind für alles was uns passiert. Aber das sind wir.

Wir wollen nicht verantwortlich sein für den Versager in uns. Immerhin gab es den und die und Erfahrungen, die uns beeinflusst haben. Bestimmte Erfahrungen, unsere Eltern und andere Menschen haben uns beeinflusst. Aber warum konnten sie uns beeinflussen?

Weil das Gefühl und die Überzeugung ein Versager zu sein schon vorher da waren. Machen wir uns bewusst, dass niemand im Außen unser Versagen verursacht hat. Erkennen wir unseren Widerstand einfach an, solange er sich meldet. Das kleine Kind in uns will nicht verantwortlich sein für seine

Gefühle. Nehmen wir den Widerstand wahr, ohne ihn zu bewerten oder wegschieben zu wollen.

Solange unser Widerstand spürbar ist, sind wir nicht bereit die volle Verantwortung zu übernehmen. Wenn wir diese Verantwortung nicht zu uns nehmen wollen, bleiben wir ein Versager. Warum?

Weil wir dann in der Energie des Opfers hängen bleiben und nicht der Schöpfer unseres Lebens sind. Und ein Opfer, sagt schon die Bedeutung des Wortes, ist sicher nicht in der Lage sein Leben bewusst zu verändern, da wir ja keine Schuld haben wollen an unserem Versagen oder besser: wir wollen nicht verantwortlich sein. Wir empfinden noch immer: `Der, die, das andere hat mich in diese Lebenssituation gebracht´. Das ist jedoch nicht die Wahrheit, sondern eine der größten Illusionen des Menschen.

Du bist voll und ganz der Schöpfer deines Lebens!
Du bist ein Wesen mit elektromagnetischer Schwingung!
Alles an dir ist Schwingung.
Allein diese Schwingung ist der Grund für die Beschaffenheit deiner Empfindungen.
Nichts und niemand im Außen.

Das ist die wichtigste Erkenntnis um unseren Versager in vollem Umfang zu uns nehmen zu können. Das Gefühl ganz zu uns nehmen. Und im Alltag gibt es so viele Situationen, wo wir so gern die

Verantwortung abgeben, weil wir es bis jetzt einfach nicht anders wussten. Aber wir können nur das an uns heilen, was wir als Unseres erkennen. Die Gedanken und Gefühle als unsere Schöpfung erkennen. Das verletzte Kind in unser Herz aufnehmen und lieben lernen. Selbstvergebung lernen. Wenn uns das gelingt, jeden Tag aufs Neue, sind wir auf dem besten Weg Heilung zu erfahren.

Auszug aus dem Tagebuch:

`Ich taumle hin und her. Mal ist es das Wissen, dass ich sowieso kein Versager bin, mal ist es die Liebe meinen Versager ganz und gar zu mir zu nehmen. Ich liebe mich- der Versager ist noch außerhalb von mir. Ich kann ihn noch nicht lieben. Aber das kommt noch.

Ganz werden bedeutet doch mich ganz und gar zu lieben. Ich liebe mich immer wieder neu. Augenblick zu Augenblick, mit jedem Gefühl, das geheilt und transformiert werden möchte, liebe ich mich wieder neu und immer mehr. Und dann bleibt die Liebe immer länger und sie kommt zurück, schneller und schneller. Und irgendwann ist sie da und ich bin nur mehr Liebe´.

Jeden Tag erleben wir hunderte Male die Versuchung unsere Schöpfung jemand anderen anzudichten. Vor allem wenn die Schöpfung – die Projektion unseres Inneren ins Außen – sehr unangenehm wird. Da gibt es Begegnungen, Ereignisse, die wir überhaupt gar nicht als unsere Schöpfung erkennen wollen. Jetzt nur nicht umfallen ins Opferdasein denn dann sind wir vollkommen machtlos. Nein, annehmen. Machen wir uns immer bewusst, es gibt nichts da draußen, das nicht unsere Schöpfung wäre. ALLES ist unsere Schöpfung. Die schönen Momente genauso, wie die Unangenehmen. Das einzig Wichtige ist jetzt, die Gefühle spürbar werden zu lassen, die Gefühle ganz zu uns zurückholen.

Übung:

Die folgende Übung, unsere Gefühle im Moment annehmen zu können, ist eine Kurzversion zu der Arbeit und Übung mit dem Inneren Kind zu kommunizieren.

Erkenne das Gefühl, das du in diesem Augenblick fühlst.
Wie fühlt es sich an?
Was ist es für ein Gefühl?
Benenne es. Ist es angenehm?
Ist es ein Gefühl, das du lieber
nicht fühlen möchtest?

Auch wenn es dich noch so schmerzen mag - nimm es zu dir und sag:
`Du bist mein Gefühl. Ich habe dich erschaffen.
Du bist meine Schöpfung.
Komm her zu mir. Schön, dass du da bist.
Von nun an werde ich dich immer als mein Gefühl anerkennen.´

Wiederhole diese Worte so lange, bis du sie fühlen kannst. Versuche es nicht aus dem Kopf heraus zu tun.

Das wird nicht funktionieren.

Diese Übung, unsere Gefühle bewusst wahrzunehmen, sollten wir so oft wie möglich machen. Da wir nie gelernt haben, unsere Gefühle bewusst wahrzunehmen, müssen wir eben jetzt damit anfangen. Es ist eine großartige Bereicherung, wenn wir beginnen uns zu spüren, wenn wir nicht mehr jemand anderen dafür verantwortlich machen und unser Ego diese schmerzhaften Gefühle nicht mehr verschleiert.

WAS IST MEIN LEBENSPLAN?

Nun setzen wir uns intensiv damit auseinander, was wir in unserem Leben gern verändert haben möchten. Was stellen wir uns vor? Wie soll unser Leben aussehen? Wir überlegen uns das bis ins kleinste Detail. Unser Lebensplan hat mit unseren Herzenswünschen zu tun. Ein Partner, ein Baby, Familie, eine Ausbildung, Chancen, Herausforderungen, all die Dinge, die uns immer wieder in Wallung bringen, wenn wir nur daran denken. Mit den Herzenswünschen sind immer auch Aufgaben für uns beinhaltet. Bevor sich ein Wunsch erfüllen kann, haben wir gewisse Lektionen zu lernen. Manchmal die der Geduld, des Loslassens, des Glaubens, und andere Blockaden, die uns noch von unserer Wunscherfüllung trennen. Der Lebensplan beinhaltet immer beides: Herzenswunsch und Herausforderung. Darum sind viele Menschen damit beschäftigt, ihre Herzen nicht mehr hören zu müssen, da dies mit Veränderung und Anstrengung zu tun hätte. Die Talente und Begabungen, die in uns sind - teilweise noch verborgen sind - werden dabei verkümmern.

Setzen wir uns aber intensiv damit auseinander, was wir in unserem Leben gern verändert sehen, wünschen wir uns zum Beispiel beruflichen Erfolg, machen wir uns klar, was wir leben möchten und was wir tatsächlich leben, werden wir uns nicht länger vor der Stimme in unserem Herzen verschließen können. Machen wir einmal eine Bestandsaufnahme:

Wie sieht unsere Realität aus? Mit welcher Lebenssituation sind wir absolut unglücklich? Was möchten wir gern verändern? Wem würden wir gern die Verantwortung zuschieben? Lassen wir uns erneut hineinfallen in diese Art der Frustration, denn wir haben jetzt keinen Erfolg mit dem was wir tun oder gerne tun würden. Diese Frustration können wir uns ganz bewusst machen und uns in den diversen Situationen beobachten, die uns frustrieren. Als nächstes beobachten wir unsere Gedanken. Wir beobachten unsere Glaubenssätze, die über unserer verkorksten Lebenssituation stehen. Diese Glaubenssätze sind entscheidend, denn sie sind wie eine Türe. Wir können keine andere Tür durchschreiten, solange unsere Glaubenssätze nur diese eine Türe offen halten. Alle anderen Türen bleiben versperrt. Sind uns unsere Glaubenssätze bewusst geworden, schreiben wir diese zuerst einmal auf. Wie lauten sie? Die Antworten kommen sehr spontan. Wir brauchen uns nur in Ruhe hinsetzen.

Ich habe keinen Erfolg, weil...

Es gelingt nicht, weil....

Ich schaffe das nicht, weil....

Das ist die Türe, durch die wir täglich schreiten, weil wir unsere Glaubenssätze nicht verändern. Zuerst müssen wir also unsere Glaubenssätze wirklich kennen, dann erst können wir sie umschreiben. Wir haben diese Überzeugungen – wieder das `ich genüge nicht´ - in unserem Unterbewusstsein abgespeichert. Was können wir nun bewirken? Machen wir uns zuerst einmal bewusst, dass unsere Herzenswünsche immer mit unserem Lebensplan zu tun haben. Unsere Talente und Begabungen sind darin verborgen. Sie gehören zu uns und unserem Lebensplan. Das bedeutet, dass alles, was wir gerne tun, alles, was unser Herz zum Klingen bringt in vollem Umfang zu uns gehört. Und wenn es zu unserem Lebensplan gehört, dann bedeutet das, dass wir aufgerufen sind, diesen unseren Lebensplan zu leben und zu verwirklichen. Das einzige, was uns davon abhält, sind unsere Angst nicht genug zu sein, unsere Angst nicht zu genügen und die persönlichen Glaubenssätze dazu. Hierzu gibt es zwei Aufgaben:

1. Spüren wir die Frustration etwas nicht erreichen zu können, gehen wir zu dem Glaubenssatz, der im Unterbewusstsein nur die eine Türe offen lässt, uns nur die eine Erfahrung wiederholen lässt und schreiben wir an seine Stelle genau das Gegenteil auf. Im Geiste schreiben wir zum Beispiel auf eine Tafel in unserer alten Schulklasse oder wir gehen zu dem Buch der Überzeugungen in unserem Dachboden. Wie auch immer radieren wir die bestehenden Glaubenssätze aus und schreiben die Konstruktiven an deren Stelle. Das machen wir nun in jeder Situation, die uns unsere Situation widerspiegelt und auch wenn wir auf Grund unserer Lebenssituation frustriert sind.

2. Wir gehen ein auf das ängstliche kleine Kind in uns, das uns aus der Angst vor Versagen, vor Ablehnung und Kritik bewahren möchte, indem es uns einredet, dass wir keine Veränderung brauchen.

Oder uns einredet, dass wir es sowieso nicht schaffen werden. Das sind alle Stimmen, die wir als Kind gehört haben von Eltern, Lehrern und allen anderen Menschen in unserem Umfeld. Oder sie haben uns einfach nur vorgelebt, wie schwierig es ist, sich zu verändern. Da die Angst das Gegenteil ist von Liebe, können wir unser verletztes Inneres Kind nur mit Liebe transformieren. So löst sich die tief sitzende Angst in uns auf.

Übung:

Bist du unsicher und zweifelst an deinem Weg, welche Herzenswünsche du verwirklichen möchtest?

Setze dich entspannt und in Ruhe hin und meditiere darüber.

Du wirst sehen, wie schnell du Klarheit erfährst, wenn du dein Gedankenrad zur Ruhe kommen lässt. Deine innere Stimme wird nun hörbar/fühlbar. Deine Herzensstimme wird dir den Weg weisen.

Denk immer daran: unsere Herzenswünsche sind das, was unseren Lebensweg ausmachen. Höre eine Zeit lang damit auf, dich abzulenken. Lenke deine gesamte Aufmerksamkeit nach Innen.

Versuche wirklich bei dir zu sein, im Zentrum deines Herzens zu sein.

Wie geht es dir wirklich? Was würdest du von Herzen gerne tun? Was war schon immer ein Traum von dir? Schreib spontan alles auf, sonst meldet sich dein Verstand und bringt dein Gefühl ins wanken.

Beginne dich damit zu beschäftigen, was dir jetzt unterkommt. Kauf dir die Hilfsmittel, die du brauchst. Lies die Bücher, die dich dazu informieren. Mach´ Workshops und Seminare oder eine ganze Ausbildung zu dem Thema. Beginne das zu tun, was deine Seele glücklich macht, damit wahre Freude in dir aufkeimen kann.

Du trägst einen Reichtum in dir,
geliebtes Kind,
an dem du uns alle teilhaben lassen darfst.

Und jetzt du:
Ich trage einen Reichtum in mir,
an dem ich alle teilhaben lassen darf.
Ich bin Gott und Göttin.
Ich bin die Liebe.
Ich bin der Schöpfer meines Lebens und
ich erschaffe mir die Manifestation meiner
Herzenswünsche.

Es ist eines, die Herzenswünsche zu negieren, um ein Leben in Eintönigkeit, Schwere und Freudlosigkeit zu verbringen – was bestimmt den meisten Menschen so geht. Richtig wäre die Euphorie und Freude immer empfinden zu können. Dies gelingt uns aber nur, wenn wir den Weg unseres Herzens gehen und uns von den damit verbundenen Ängsten nicht überwältigen lassen. Das andere Extrem wäre, die eigenen Herzenswünsche mit Ungeduld und Kampf erzwingen zu wollen. Die richtige Partnerin muss unbedingt jetzt in mein Leben kommen oder ähnliches. Wir übersehen die Lernschritte, die uns diese Lebensphase bereithält und möchten sie am liebsten überspringen. Meist treffen wir unsere Entscheidungen dann aus dem Kopf heraus und nicht mit dem Gefühl und landen zum Beispiel bei einem/einer Partner(in), den/die wir nach kurzer Zeit wieder verlassen. Diese Spiele betreiben wir Menschen andauernd.

Unsere Lernschritte sind das Bewusst- machen unserer Blockaden. Alles das, was uns behindert, haben wir durch Annehmen aus dem Weg zu räumen. Das ist für jede Persönlichkeit etwas anderes. Natürlich können wir uns selbst betrügen und so tun als wäre nur die Lebenssituation verantwortlich – aber tief in uns herrscht eine Unzufriedenheit oder Schwere, die wir nicht verleugnen können.

Wir können sie mit Alkohol, Essen, Sport und Drogen wegleugnen, damit wir uns nicht mehr spüren müssen. Auch rund um die Uhr arbeiten ist eine Möglichkeit. Aber wenn wir den Mut haben uns ehrlich zu beobachten -ohne Ablenkung im Außen - werden wir es spüren.

Teil 2

BEISPIELE FÜR BLOCKADEN

Im Folgenden findest du einige Themen und Fragen - teilweise nur kurz angesprochen - die du vielleicht in dir selbst wieder findest. Fühle in dich hinein mit welchen Themen du gerne arbeiten möchtest und beobachte dich in diesem Zusammenhang genau. Es erfordert allerdings eine gewisse Ehrlichkeit und Öffnung sich selbst gegenüber dies zu tun. Das ist der Grund, warum doch viele Menschen lieber ein Seminar besuchen, wo wir oft leichter in diese Ehrlichkeit finden können.

Inneres Kind

Wie schon erwähnt, bildet die Arbeit mit dem verletzten Inneren Kind das größte Potential für Transformation und Heilung unserer Blockaden. Alle Blockaden werden in diesem Leben in unserer Kindheit aktiviert. Ich denke, dass jeder seine eigene Möglichkeit finden kann mit seinem Inneren Kind zu arbeiten. Über die Gefühle mein kleines verletztes Kind in mir zu fühlen – und das jeden Tag - ist eine großartige Möglichkeit. Wir dürfen aber auch Spiel und Spaß haben mit unseren Inneren Kindern. Das tun, was wir als Kind auch immer gerne tun wollten. Also das Leben im Augenblick genießen, in eine Fantasiewelt eintauchen, träumen und spielen. Ich habe zu meinem Inneren Kind folgenden Text aus mir heraus fließen lassen:

Mein liebes Kind in mir! Du bist die Summe aller Gefühle, die es zu heilen gilt. Du bist mein Schamgefühl, meine Unsicherheit, mein Minderwert, mein Alles-was-nicht-in-der-Liebe-ist. Ich möchte dich glücklich sehen, möchte mit dir lachen können. Ich möchte dich lieben können, so wie du bist.

Du bist mein Energiebündel, das mich lebendig macht, wenn ich dich so annehme, wie du bist. Du bist mein Sonnenschein, der vor Freude lacht und mein hüpfendes Herz, das am liebsten Kindersachen macht.

Ich möchte mutig sein und immer zu dir stehen. Alle Erfahrungen, die zu dir gehören, nicht so tragisch sehen. Du bist der Teil in mir, der sich nach Liebe sehnt. Du wünschst dir, mein liebes Kind, so wertgeschätzt zu sein, wie du bist. Das kann niemand im Außen dir geben - das können nur ich und du.

Von niemand anderen bekommst du Liebe, Lob und Wertschätzung, als durch uns selbst. Ich und du, wir sind eins. Ich kann dir Liebe geben, kann dir Anerkennung und Freiheit geben. Ich kann dir Frieden geben. Wir sind ein Team. Wenn du glücklich bist, bin ich es ebenso. Wenn du dich schlecht fühlst, fühl auch ich mich schlecht.

Ich schenke dir nun die Liebe, die du verdient hast, denn jeder verdient bedingungslos geliebt zu sein. Ich schenke dir meine Anerkennung für alles was du erlebt hast und alles was du bist. Und ich schenke dir Frieden und Freiheit, damit du frei und unabhängig bist. Du brauchst dich nicht verbiegen, dich nicht anstrengen und bemühen. Es gibt niemanden, dem du gefallen oder treu sein musst – nur dir selbst. Ich liebe dich und ich sage dir: du bist wundervoll, du bist ein Wunder. Ich achte und ehre dich für deinen Selbstausdruck. Und ich bitte dich um Vergebung, wenn ich dich oft nicht hören konnte.

Der Versager

Hast du das Gefühl, dass du selbst der Versager bist? Oder spürst du den Versager als einen Teil von dir? Dazu gibt es eine gute Übung.

Übung:

Schließ deine Augen. Bitte nun deinen
Versager vor deinem geistigen Auge
zu erscheinen. Schau was passiert.

Wenn du gar nichts wahrnimmst, richte
einen großen Scheinwerfer auf deinen Versager.
Was tut er? Wie sieht er aus?
Was hat er dir mitzuteilen?

Falls du dich selbst geblendet fühlst, kannst du davon ausgehen, dass du dich mit dem Versager vollkommen identifizierst. Dann löse dich aus dem Versagerteil heraus und mach dir bewusst: du bist die Göttlichkeit in Person, der Versager ist nur ein Teil von dir. Löse dich von ihm und lauf einige Schritte weg. Dann dreh dich um und betrachte nun deinen Versagerteil. Frag ihn, wie du ihm helfen kannst. Zuletzt nimmst du ihn in den Arm und zeigst ihm deine Anerkennung und Liebe. Er möchte genauso ein geliebter Teil von dir sein.

Ich habe durch diese Übung, die ich in Abständen immer wieder mal anwende, viel Klarheit und Mitgefühl für meinen Versager gewinnen können.

Scham- und Schuldgefühle

Scham- und Schuldgefühle sind die Energien in uns mit der niedrigsten Schwingung. Das bedeutet, solange wir diese Energien in unserem System gespeichert haben, solange wir diese tiefen Blockaden in uns tragen, sind wir nicht wirklich geheilt. Es gibt viele kleine Situationen, wo wir über die Emotion zuerst in unsere erste Gefühlsebene kommen. Dort finden wir viele Gefühle, wie zum Beispiel `Sich-Abgelehnt-Fühlen´ und all das, was auch immer unser Inneres Kind erfahren hat.

Die unterste Ebene dieser Gefühlskette bildet den tiefsten Sumpf der eigenen Seele. Hierher finden wir nur durch die Bereitschaft im tiefsten Seelenwinkel aufzuräumen. Wir finden zu diesen Schamgefühlen und Schuldgefühlen, wenn wir aufmerksam bleiben in der Innenschau. Wir fühlen diese tief sitzenden Blockaden nur, wenn wir die vielen Situationen nicht achtlos verstreichen lassen, sondern ganz tief nachfühlen lernen. Diese niedrigen Energien wollen herauf an die Oberfläche.

Wut und Zorn

Wut und Zorn beispielsweise sind ein Hinweis auf Blockaden in den Bereichen Urvertrauen, Geborgenheit und Sicherheit. Wenn du im Alltag besonders zu dieser Emotion neigst, ist es von Vorteil, dir deine Gefühle anzusehen, ob du dich zu wenig versorgt fühlst mit Liebe, mit Lebensenergie, mit Geld, Wohlstand oder was auch immer. Uns fehlt das Vertrauen, dass wir alles bekommen, was wir brauchen. Was fehlt unserem Inneren Kind? Welche Ängste plagen es? In jeder Lebenssituation ist es etwas anderes. Wir alle spüren aber einen Mangel, der uns wütend macht. Doch die Wut, die wir nach Außen richten, gilt eigentlich uns selbst. Wir sind wütend auf uns, da wir diesen anscheinenden Mangel nicht in den Griff bekommen. Wie kann man nun diese Wut und den Kampf im Außen in das Vertrauen transformieren?

Fehlendes Urvertrauen geht uns schon sehr bald in der Kindheit verloren, wenn unsere Bedürfnisse nach Fürsorge, Aufmerksamkeit, Liebe und Mitgefühl nicht oder nicht ausreichend erfüllt werden und das betrifft jeden Menschen. Daher bedingt die Heilung ganz viel Zuwendung an unser Inneres Kind und langsam - in den kleinen Situationen dürfen wir das Urvertrauen wieder aufbauen und zurückgewinnen. Das Leben lässt uns nie im Stich außer wir sind selbst davon überzeugt!

Wir sollen unsere Herzenswünsche aus mangelndem Urvertrauen nicht länger verleugnen. Auch wenn wir Angst haben. Gerade die eigenen Herzenswünsche realisieren bedeutet Ängste überwinden. Teilerfolge gehören gefeiert. Alles, was wir auf dem Weg bereits geschafft haben, feiern und uns dafür loben. Mit der Zeit kommt das Vertrauen in unser Leben und unsere Fähigkeiten zurück. Auch die Lösung der inneren Konflikte mit unseren Eltern bringt unser Vertrauen zurück.

Ängste

> Ängste begleiten immer unser Leben - bewusst oder unbewusst.

Wichtig ist in Lebenssituationen, die uns Angst machen, sich nicht der Angst ergeben, sondern sie bewältigen. Egal um welche Angst es sich handelt: Urangst, Existenzängste, Verlustängste, Angst zu versagen, Angst vor Ablehnung, Angst nicht geliebt zu werden; ich mache mir zuerst meine Angst bewusst. Dann gebe ich der Angst aber keine Macht über mich, ich gehe bewusst mit der Angst durch die Situation hindurch bis sie sich auflöst, sie `ausschwingt´. Dabei sollten wir unbedingt ins Handeln gehen - nicht handlungsunfähig werden, wenn es die Situation erfordert. Im Nachhinein erkennt man, dass die Vorstellung von der Angst viel größer war, als die Angst selbst. Das gibt Mut und Vertrauen für das nächste Mal. Finde heraus, was dir am meisten Angst macht und stelle dich bewusst dieser Angst. Es ist ein großartiges Gefühl seiner Angst zu begegnen und sie genauso anzunehmen, wie alles andere auch.

Hier ist nicht die intuitive Angst gemeint, die mich vor Fehlentscheidungen in meinem Leben bewahrt. Das kann man unterscheiden, ob wir bei einer Sache ein gutes Gefühl haben und es unserem Herzenswunsch entspringt oder ob wir uns aus dem Kopf heraus etwas einbilden. Grundsätzlich gibt es jedoch keine Fehlentscheidungen, nur Umwege. Dann haben wir einfach unseren Lebensplan kurzfristig verlassen.

Masken und Rollen

Ein ausgesprochen umfangreiches Thema. Wir alle setzen Masken auf als Schutz, zum Beispiel um unsere Unsicherheit zu verbergen. Masken und Rollenspiele haben sehr viel mit unserem idealisierten Selbstbild zu tun. Zum Beispiel sehen wir als kleine Kinder, was in unserem Umfeld gut ankommt und speichern diese Erfahrung in uns ab. Wir spielen diese Rollen auch später, um bei unserem Umfeld gut anzukommen im Endeffekt immer um Zuneigung und Liebe zu erlangen. Leider ist meistens das Gegenteil der Fall. Welche Hintergründe auch immer bestehen, Masken und Rollen haben wir alle solange, bis wir uns ehrlich und authentisch geben.

Auch die Identifizierung mit meinem Job führt zu einer Lebensmaske. Ich rede und zeige mich so, wie es meinem Berufsbild entspricht. Ich lebe dann eine Rolle.

Stellen wir uns folgende Fragen:

Wo bin ich nicht authentisch? Warum setze ich Masken auf und spiele eine Rolle? Welchen Schein möchte ich aufrechterhalten? Verurteile dich nicht dafür, wir haben bisher einfach geglaubt, dass wir damit besser durchs Leben kommen. Leider verleugnen wir uns damit nur selbst.

Schatten

Welche Wesenszüge habe ich im Laufe meines Lebens irgendwann verurteilt? Welche Wesenszüge passen nicht in mein Selbstbild? Diese Teile sind von meiner Wahrnehmung vollkommen ausgeblendet. Sei hier offen für Hinweise von Außen. Verurteile ich andere Personen wegen einer bestimmten Art? Diese Personen sind immer ein Hinweis auf mein Eigenes. Dies kann aber ebenso ein Hinweis auf eines meiner Talente sein, das ich nicht lebe.

Der Schatten ist ein Teil von uns, den wir nicht sehen können. Andere sehen ihn bei uns. Wir sehen ihn nur bei anderen. Er kann ein Talent und ein Gewinn für uns sein. Er kann ein schwer zu akzeptierender Wesenszug sein. Oft ist der Schatten jener Teil, den wir nicht sehen wollen, da wir uns selbst lieber in unserem glanzvollen Licht wahrnehmen. Wir wollen nicht egoistische, boshafte, geizige, gierige, neidische, jähzornige, besserwisserische Typen sein. Darum lehnen wir diese Aspekte bei anderen Menschen besonders ab. Wir sind lieber hilfsbereit, aufmerksam, liebenswert, zuvorkommend und höflich, und so nehmen wir uns selbst auch wahr. Tatsächlich trägt jeder Mensch die oben erwähnten Schatten in sich, solange, bis wir sie bewusst integriert haben. Diese Schatten - oder das andere Ich - gehört genauso zu uns. Umso mehr wir einen Schatten ablehnen, desto größer wird dieser. Das ist ein energetisches Gesetz. Erkennen können wir ihn vorerst nur bei den anderen.

Wenn wir unsere Schatten weiterhin ablehnen, können wir nicht ganz werden. Haben wir den Schatten integriert – also als einen Teil von uns erkannt und angenommen – können wir ihn bewusst wahrnehmen. Dann haben wir die Wahl ihn auszuleben oder nicht. Wenn wir unsere Schatten lieben, haben sie keine Macht mehr über uns. Wir gewinnen außerdem an Kraft.

Es gibt jedoch Menschen, da ist alles andersherum: Sie sehen sich selbst am liebsten als herrschsüchtig, egoistisch, verlogen, gierig und falsch. Sie wollen die Schatten der Zartheit, Verletzlichkeit und Liebenswürdigkeit an sich selbst nicht sehen.

Wenn wir andere Menschen für bestimmte Eigenschaften besonders bewundern, dann sind auch das Schattenanteile, die wir nicht leben, die aber zu uns gehören und gelebt werden wollen.

Spiegel

Spiegel sind großartige Geschenke uns selbst zu begegnen. Vielen von uns gefällt es noch gar nicht recht, sich im Angesicht seines Gegenübers zu erkennen. Dabei ist es so spannend, was uns da alles begegnet. Alle Eigenschaften, mit denen wir bei uns noch nicht im Frieden sind, stören uns so lange bei bestimmten Menschen, bis wir den Unfrieden in uns selbst gefunden und aufgelöst haben. Wir können uns in jedem Augenblick entscheiden, ob wir den/die anderen ablehnen, weil wir uns eigentlich selbst ablehnen oder ob wir sagen: `ja, auch das bin ich´ oder `ach, da war doch noch was, ich bin ja genau gleich gestrickt, nur erlaub ich es mir nicht so zu sein´.

Spiegel verweisen uns auch immer auf unsere Blockaden. Alles kann unser Spiegel sein. Unser Körper, das Auto, Geldverhältnisse, ja sogar der verstopfte Abfluss im Bad. Wenn wir beginnen aufmerksam durch unser Leben zu gehen, werden wir bestimmt viele Spiegel erkennen.

Was kritisierst du bei anderen? Was lehnst du bei anderen massiv ab? Das Spiegelthema ist dir nicht fremd, so wie deine Schatten.

Hier ist dir der Wesenszug bewusst, den du an dir selbst verurteilst oder vermisst. Beim anderen, der anderen, siehst du diese Eigenschaften aber ganz klar. Daher immer bei dir selbst schauen, wenn dich ein Spiegelbild besonders aufwühlt.

Opfer-Täter-Spiele

Verhalte ich mich grundsätzlich eher als Opfer oder als Täter und warum? (Mutter-Vater-Themen betrachten) Ein Opfer sucht sich immer einen Täter und umgekehrt. Die Auflösung funktioniert durch bewusstes Aussteigen aus dem Muster. Also sich genau beobachten und nicht mehr mitspielen.

Das erfordert eine gewisse Disziplin. Wenn wir trotzdem noch in die Opfer oder Täterrolle fallen, sollten wir uns selbst nicht verurteilen, sondern einfach wieder registrieren und aussteigen.

Wahrheit aussprechen

Wahrheit ist für jeden etwas anderes. Zuerst einmal geht es darum herauszufinden, was denn deine Wahrheit ist. Des Weiteren dürfen wir uns beobachten, in welchen Situationen, in denen wir Stellung beziehen sollten, wir lieber nichts sagen? Wo habe ich Angst ehrlich meine Wahrheit auszudrücken? Warum habe ich Angst? Es gibt Menschen, die ein riesiges Problem damit haben, ihre Wahrheit auszusprechen. Man möchte andere nicht verletzen, man fühlt sich dann vielleicht sogar schuldig. Wenn wir nicht ehrlich aussprechen, wie es uns geht und was uns bewegt, tut sich unser Gegenüber schwer, uns mit Mitgefühl zu begegnen. Ein weiterer Aspekt der Wahrheit ist das Aussprechen von etwas, das ich beim anderen wahrnehme. Es ist wichtig zu erkennen, dass es anderen rein gar nichts bringt, wenn wir uns zurückhalten. Wie soll ein Mensch denn seine eigenen Schatten wahrnehmen, wenn wir ihn nicht wenigstens einmal darauf ansprechen. Wie soll unser Gegenüber denn erkennen können, wo er/sie seine blinden Flecken hat oder ein Selbstbild aufrechterhalten möchte, das einfach nicht der Wahrheit entspricht. Wir dürfen uns selbst und anderen in dieser Hinsicht mit offener Herz zu Herz Kommunikation einen Gefallen tun.

Natürlich kann man alles übertreiben. Es geht hier nicht darum andere `Maß zu regeln´ weil wir etwas spüren, was die anderen nicht spüren. Es geht auch nicht darum, unter diesem Vorwand Kritik auszuteilen. Nein, es geht um das Aussprechen von Gefühlen, von meinen eigenen Gefühlen genauso, wie von dem Gefühl, das ich für jemand Nahestehenden habe.

Eigenverantwortung abgeben

Wo in meinem Leben will ich nicht verantwortlich sein? Wo suche ich mir Schuldige im Außen? Habe ich eine Tendenz zu Opferhaltung und Gefühle der Hilflosigkeit?

Hier dürfen wir uns bewusst machen, dass unsere Gedanken und Gefühle unsere Realität erzeugen – nichts und niemand im Außen. Auch die Prägungen durch die Eltern dürfen wir eigenverantwortlich verändern.

Machtspiele

sind energetisch spürbar. Aus dem Gefühl der Wertlosigkeit lasse ich mich von einer bestimmten Person völlig aus der Bahn werfen. Bei jeder Handlung, jedem Wort dieser Person entsteht in mir eine Überreaktion.

Ich habe das Gefühl, ich müsste mich wehren, müsste in Angriffsposition gehen. Mein Ego macht sich groß. Außenstehende können die Aufregung zum Teil nicht recht verstehen. Aber die zwei Kandidaten sind zu Rivalen geworden, aus welchem Grund auch immer. Dahinter fühlen sie sich total minderwertig. Das Machtspiel passiert in der Energie des Täters, des Opfers und allen Variationen, die es in dem Zusammenhang gibt.

Habe ich eine Tendenz zu Machtspielen und wann? Lebe ich Machtspiele übers Opfer oder als Täter aus? Kann ich hinter dem Machtspiel mein Gefühl von Wertlosigkeit erkennen?

Auflösung geschieht wieder über mein Gefühl. Ich mache mir mein Gefühl bewusst, das hier in Resonanz geht und nehme es zu mir. Ich vergebe mir dafür. Es genügt, wenn einer der Beteiligten aussteigt.

Manipulation

Verwende ich die Manipulation um bei anderen etwas zu erreichen, beispielsweise Aufmerksamkeit, Sicherheit oder Zuneigung? Manipuliere ich aufgrund von Angst und Schuldgefühlen?

Wo manipuliere ich andere um mich besser zu fühlen, indem ich anderen das Gefühl gebe, er/sie würde etwas falsch machen? Wo stelle ich mich über andere, um mich wertvoller zu fühlen? Manipuliere ich als armes Opfer oder indem ich mich über den anderen stelle durch mein Wissen, Können, Moralpredigten? Wo manipuliere ich um etwas Bestimmtes zu erreichen, weil ich es nicht offen aussprechen will?

Selbsttäuschung

In welchen Bereichen meines Lebens mache ich mir etwas vor? Wo rede ich mir Dinge schön? Gibt es in meinem Leben etwas, das ich verändern sollte, es aber nicht tue?

Die Selbsttäuschung aufzudecken erfordert sehr viel Ehrlichkeit sich selbst gegenüber. Wir dürfen uns in diesem Zusammenhang bewusst machen, dass wir enorm an Lebensenergie vergeuden, wenn wir uns selbst betrügen.

Schuldgefühle

In welchen Situationen meines Lebens empfinde ich Schuldgefühle? Stehen die Schuldgefühle mit einer bestimmten Person in Zusammenhang? Wenn ja, warum? Blick in die Vergangenheit. Wir können aufhören aus den Schuldgefühlen heraus zu handeln, wenn wir uns bewusst machen, dass es keine Schuld gibt. Die Energie der Schuld raubt uns Lebenskraft. Bewusst annehmen und ausschwingen lassen ist die Lösung.

Vergebung

Was in meinem Leben habe ich mir selbst zu vergeben? Ich betrachte jeden Menschen, jede Beziehung aus der Vergangenheit und Gegenwart, vergebe mir selbst und allen Beteiligten. Auch Schamgefühle, Schuldgefühle, Selbsttäuschung, Opfer-Täter-Spiele darf ich vor mir selbst vergeben. Ich erkenne mich selbst an, dass ich es zu dem Zeitpunkt nicht besser wusste. Vergebung gehört als wichtiger Bestandteil zu dem liebevollen Annehmen meiner Blockaden.

Geben und Nehmen

Was ist frei geben? Wo gebe ich etwas, hänge aber eine Erwartung daran? Wo gebe ich und fühle mich dann ausgenutzt? Trage ich die Überzeugung in mir Geben sei besser als Nehmen? Ist mir bewusst, wo ich überall nehme? Wo ich überall Geschenke bekomme?

Da aus der verschobenen Wahrnehmung von Geben und Nehmen der Geiz resultiert, ist die Auseinandersetzung mit diesen Fragen von Vorteil. Denn der Geiz blockiert unser Herz und somit die Fähigkeit, ob wir unser Herz uns selbst und anderen gegenüber öffnen können oder nicht.

BLOCKIERENDE MUSTER

die uns davon abhalten, uns zu spüren, unsere Herzensstimme wahr zu nehmen und das zu manifestieren, was wir uns wünschen.

DROGEN

Nikotin, Alkohol, Marihuana, Kokain, MDMA, LSD, Heroin und alle Stoffe, die uns eine scheinbare Befriedigung bringen sollen: Warum nehmen wir diese Drogen zu uns? Was ist der Grund, warum so viele Jugendliche Drogen nehmen?

Hier ein Interview mit einem Süchtigen:

Wann hast du begonnen Drogen zu nehmen?

Mit 13 hatte ich meinen ersten massiven Rausch. Später mit 15, 16 kam auch Marihuana dazu und mit 18 rauchte ich dann täglich Joints.

Warum glaubst du – aus heutiger Sicht – hast du damals angefangen dich zu betäuben?

Ich bin in meiner Familie nicht verstanden worden, fühlte mich so, als ob ich alles zerreißen und zerstören wollte.

Warum?

Ich war so extrem unglücklich mit mir und meinem Leben. Ich wollte immer nur weg und ausbrechen. Der Druck in der Schule, die Machtlosigkeit, die ich als Jugendlicher verspürte. Das Gefühl, immer etwas Verbotenes, etwas Falsches zu machen.

Also fühltest du dich nicht angenommen, so wie du bist?

Ja, sicher.

Wie siehst du das Thema Drogen heute?

Sie benebeln, sie zerstören den Körper und sie gaukeln uns etwas vor – und zwar alle Drogen. Sie machen, dass ich mich nicht spüren muss. Meine Gefühle, meinen Minderwert, Unsicherheit, Ängste, Veränderung, die ansteht. Das wird überfärbt von dem künstlich erzeugten Gefühl. Künstlich erzeugter Spaß oder Leichtigkeit oder Frieden.

Gerade junge Menschen kommen mit dem Umgang der eigenen destruktiven Gefühle nicht gut klar. Unsere Eltern konnten sich selbst nur bedingt lieben und konnten uns ihre Liebe selten zeigen. Oft hatten sie gar keine Liebe in sich. Weder für sich noch ihre Kinder. Wir sind mit diesem Defizit an Liebe aufgewachsen und keiner sagt uns, wie wir damit umgehen sollen. Es gibt keinen Unterricht in Schulen, der sich mit unseren Gefühlen und dem Leben beschäftigt. Spätestens wenn wir erwachsen sind, gibt es Erfahrungen, die uns mit dem Leben und unseren Gefühlen konfrontieren und das Leben selbst möchte, dass wir beginnen Fragen zu stellen.

Drogen werden dazu gebraucht all die hinderlichen Gefühle wie Unsicherheit, Wertlosigkeit und sogar Selbsthass nicht mehr spüren zu müssen.

Unsere Gesetze verbieten viele Drogen, aber wir kümmern uns nicht um die Gefühle und Verletzungen, die uns zu den Drogen greifen lassen. Wir kümmern uns nicht um die verletzten Kinder in uns. Wir haben nie gelernt, die Gefühle in uns zu erkennen und anzunehmen. Haben nie gelernt, wie man sich trotzdem lieben kann. Kein Wunder also, dass so viele junge Menschen heimlich Drogen nehmen und so viele Erwachsene Nikotin und Alkohol missbrauchen und dabei verharmlosen. Das geht soweit, dass wir in unseren Köpfen Bier als Nahrungsmittel sehen.

∽ ∽ ∽ ∽ ∽ ∽

MANIPULATION

Wie sieht dieses Manipulieren aus? Warum manipulieren wir?

Wir manipulieren immer aus demselben Grund: Wir haben Angst.

Angst, unsere Wahrheit auszusprechen, Angst etwas zu tun, das unser Leben verändern könnte. Wir haben Angst die Verantwortung für unser Leben, unsere Realität, die wir uns erschaffen zu tragen. Wir sind im Opferbewusstsein.

Aufgrund dieser Ängste bleiben wir starr und unbeweglich, werden dabei sehr frustriert und unglücklich. Da wir diese Verantwortung für unsere Gefühlssituation und die Emotionen nicht tragen wollen – denn sonst müssten wir uns schließlich verändern – finden wir eine oder einen `Schuldige(n)´ im Außen. Das hört sich dann ungefähr so an: `du gibst mir nicht genügend Luft, um mich zu entfalten´, `Du machst mich derart wütend´, `wenn du nicht wärst, könnte ich schon lange erfolgreich sein´, `ich fühl mich davon so blockiert´, `du bist schuld, dass ich mich so schlecht fühle´ und so weiter… Wir sagen das zum Beispiel zu unserem Partner, unseren Kindern oder der Mama.

Aber es gibt eine noch subtilere Form der Manipulation. Sie ist schwer zu durchschauen, da wir anscheinend Hilfe benötigen. Ja, sogar Übelkeit, Kopfschmerz oder Bauchweh werden aus unserem

Opferdasein heraus produziert, um nur nicht ehrlich sagen zu müssen, was wir wollen, beziehungsweise nicht wollen. Auflösung dieser Manipulationen ist nun offen auszusprechen, was ich sagen will. Das tun, was ich tun will.

Übung:

Beobachte dich die nächste Zeit, wie du kommunizierst. Sprichst du
immer offen aus, was du denkst
oder verstellst du dich?
Bei welchen Menschen machst du
das besonders?
Frag dich zugleich, wovor du Angst hast? Was macht dir solche Angst, dass du
glaubst manipulieren zu müssen?
Wo willst du nicht verantwortlich sein in deinem Leben?

Manipulation bedeutet, dass wir nicht aufrichtig kommunizieren wollen; auch wollen wir nicht verantwortlich sein für uns und unser Leben. Das hat zur Folge, dass wir den Fluss unseres Lebens blockieren. Wieso? Weil aufrichtiges Kommunizieren und Handeln damit zu tun hat, unsere Wahrheit zu leben. Sind wir nicht in der Lage unsere Wahrheit zu leben, blockieren wir damit unseren Lebensfluss. Das ist ein Gesetz.

Ist doch logisch, oder? Leben wir nach unserer Wahrheit, sind wir auch im Fluss unseres

Lebens. Sind wir jedoch unaufrichtig und manipulieren, blockieren wir unseren Lebensfluss.

MANGELBEWUSSTSEIN

Ein weiterer wichtiger Grund, warum sich unsere Lebenssituation nicht verändern lässt, ist die Tatsache, dass das Ausbleiben von Erfolg in unserem Leben - und hier meine ich immer auch den Erfolg in einer Partnerschaft glücklich zu sein, den Erfolg von Harmonie und Liebe in unserem Leben zu manifestieren, nicht nur den beruflichen oder finanziellen Erfolg – eine Form von Mangelbewusstsein bedeutet.

Wenn wir die Fülle und den Reichtum übersehen, ja – diesen gar nicht wahrnehmen, wenn wir uns auf das konzentrieren, was wir in diesem Moment nicht haben, dann fokussieren wir all unsere Energie auf diesen Bereich des Nicht-Habens, also des Mangels und wir werden noch mehr von diesem Mangel in unser Leben einladen. Wir dürfen dem Mangelbewusstsein als armes Opfer nicht nachgeben, sondern alles erkennen, was uns reich macht. Auch wenn es sich anfangs eher verkrampft anfühlt, können wir Dankbarkeit zelebrieren. Wir dürfen erkennen, dass sehr viel für uns da ist. Mangel ist ein künstlich erschaffener Zustand. Beobachtet man den Überfluss in der Natur kann man darauf schließen, dass wir uns den Mangel selbst kreieren. In der Natur herrscht absoluter Überfluss. Auch wir dürfen in diesem Überfluss leben. Das haben wir uns verdient, einfach weil wir sind. Jeder Mangel an Liebe, an Frieden, Harmonie und Freude in unserem Leben ist eine Illusion insofern, da wir jetzt in diesem Moment uns für die Liebe, den Frieden, die Harmonie oder die Freude entscheiden können. Wir brauchen niemand anderen dazu. Wir können das mit uns selbst jetzt praktizieren. Es ist eine Entscheidung. Wenn du glaubst, das ginge nicht, bist du im Opferbewusstsein.

Alles, worauf wir unsere gesamte Aufmerksamkeit richten, vermehrt sich.

Berufliche, finanzielle oder zwischenmenschliche Erfolge auch unsere Gesundheit, vermehren sich, sobald wir die Fülle in unserem Leben erkennen. Wahre Fülle hat nichts mit äußeren Dingen zu tun, sondern das Gefühl von echter Fülle wächst in uns mit dem Frieden, der Harmonie und der Liebe zu uns selbst. Für manche Menschen kann Fülle auch Freiheit oder Mut und Vertrauen oder Lebensfreude sein.

So wie wir alle einzigartig sind in unserem Wesen, ist auch das Gefühl von Fülle unterschiedlich ausgeprägt. Oft ist die wahre Fülle jedoch der Friede, die Harmonie und die Liebe mit uns selbst, die in weiterer Folge den Frieden, die Harmonie und Liebe mit allem was ist, hervorbringen.

Bevor wir versuchen im Außen eine Veränderung herbeizusehnen, sollten wir ehrlich eine

Bestandsaufnahme machen, wie es mit unserem Gefühl des Friedens, der Harmonie und der Liebe zu uns selbst steht.

Können wir uns so lieben, wie wir sind, oder gibt es noch viele Teile an uns, die wir vor anderen lieber verstecken?

Sind wir überhaupt mit uns selbst zufrieden? Wir können niemals im Außen den Frieden und die Freude finden wenn wir nicht mit uns selbst zufrieden – also im Frieden - sind.

Darum sind diese Mangelzustände in unserem Leben oft so schwierig zu verändern – wir probieren alles. Nichts gelingt. Wir sind im Außen und mit unserem äußeren Leben so sehr beschäftigt, dass wir ganz auf die Pflege und das Gedeihen unserer Gefühle der Fülle vergessen.

Übung:

Eine Übung, in die Fülle mit dir selbst
zu kommen, ist folgende:
Nimm ausnahmslos jeden Augenblick, in dem dich die Unzufriedenheit zu beherrschen versucht, als Chance.
Geh nach Innen und
erforsche die Ursache.
Welche Angst, welches Gefühl stecken
hinter dieser Unzufriedenheit?
Mache die Übung für dein Inneres Kind.
Empfinde jeden Tag Dankbarkeit für alles in
deinem Leben.

Auch wenn du glaubst, es gäbe nichts -
es gibt genug. Übersieh´ nichts.
Bedanke dich bei deiner
Höheren Intelligenz für seine Führung,
bedanke dich für das Leben selbst.

ANDERS KOMMUNIZIEREN

Ein weiterer wichtiger Bereich stellt unsere Art zu kommunizieren dar. Wir glauben von uns selbst Versager zu sein, wir erliegen des Öfteren der Kritik von Außen, die uns das noch bestätigt und wie reagieren wir dann?

Wir werden zornig, zumindest verärgert, aber feig durch unsere Selbstzweifel. Wir werden böse auf uns selbst und die anderen, stehen aber nicht mehr zu uns. Wir ziehen uns immer mehr zurück, lösen Beziehungen, kündigen unsere Arbeit und Freundschaften: der Versager bekommt seine Bestätigung.

Es ist eines, unsere Gefühle zu uns zu nehmen unsere Gedanken genau zu beobachten, aber das andere – das, was viel Mut erfordert ist bedingungslos alles auszusprechen, was wir in einem Moment fühlen. Und damit ist nicht gemeint, den anderen niederzumachen, weil er uns so gemein kritisiert hat. Obwohl auch das vollkommen richtig ist, wenn es in diesem Augenblick authentisch ist.

Unsere Wahrheit auszusprechen bedeutet nichts anderes als zu jedem Zeitpunkt authentisch sein. Was bedeutet das? Üblicherweise verstellen wir uns, um ja nicht anzuecken. Wir bemühen uns zu gefallen und dabei entfernen wir uns immer weiter von uns selbst und unserem wahren Empfinden. Unsere Reaktion ist verhalten, unser Verstand arbeitet emsig, ob unser Verhalten angemessen ist und unsere Gefühle spüren wir gar nicht mehr.

Wie sieht aber ehrliche offene Kommunikation aus? Zuerst einmal brauchen wir Mut. Mit jedem Mal der ehrlichen Kommunikation werden wir mutiger. Wir sehen, dass es nicht schlimm ist unsere Wahrheit auszusprechen. Des Weiteren brauchen wir unser Gefühl. Wie fühlen wir uns in diesem Moment, nicht gestern, nicht vorgestern, genau jetzt? Wenn wir offen und ehrlich aus unserem Gefühl heraus kommunizieren und somit die eigene Wahrheit ausdrücken, werden wir niemand vor den Kopf stoßen, sondern eher berühren.

Und dann brauchen wir das Ganze im Jetzt. Wir können nur im Jetzt - da wo uns etwas stark berührt, sehr verwirrt oder gar verletzt - authentisch reagieren. Falls uns das noch nicht gelingen sollte, ist es immer noch besser im Nachhinein zu reden als gar nichts zu sagen. Unser Selbstwert steigert sich enorm, wenn wir beginnen ehrlich zu kommunizieren, da wir uns nicht mehr verstecken und verstellen.

Natürlich hat der Versager in uns Angst vor Ablehnung, darum fehlt uns auch der Mut. Aber wir können nichts verlieren. Die Ablehnung mancher Menschen ist uns gewiss, aber die Liebe zu uns selbst, die wir dadurch gewinnen, hebt das in jeden Fall auf. Die Wertschätzung unseres Selbst erfährt eine immer größer werdende Steigerung. Dies bezieht sich nicht allein auf die Kommunikation, sondern auch auf unser Handeln. Wenn wir etwas tun und spüren aufgrund unseres Wissens, dass es nicht unser Weg ist – wir handeln also gegen unser Wissen, gegen unsere Wahrheit - dann werfen wir Stolpersteine auf unseren Lebensweg. Im Gegensatz dazu handeln wir nach unserem Gefühl, dem intuitiven Wissen, beginnen sich Türen zu öffnen. Wir sind immer richtig in unserem Ausdruck, so wie wir sind. Wir sind immer perfekt, egal was wir sagen oder tun. Es gibt kein gut oder schlecht, es gibt kein richtig oder falsch. Wir müssen uns nicht bemühen besser zu werden. Was wir tun können, wenn wir wollen, ist bewusster unser Leben zu gestalten. Bewusst mit all dem umgehen, was uns begegnet. Einfach weil es schön ist, weil es Spaß macht , sich selbst kennen zu lernen. Außerdem hat es den Vorteil, die Versagensängste, das Versagerbewusstsein weiter zu integrieren.

Mit der Zeit können wir es sogar lieben. Es ist einfach ein Teil von uns. Und dann löst es sich vollkommen auf in die Liebe. Wir werden mehr und mehr ganz, zu dem was wir in Wahrheit sind: Liebe.

Dorthin gelangen wir, dorthin bringt uns der bewusste Umgang mit uns selbst durch den Weg der Selbstbeobachtung. So wie wir es mit unserem Versager machen, können wir im Laufe der Entwicklung jeden Teil, den wir an uns selbst nicht mögen, in die Liebe verwandeln. Mit dem Bewusstsein, dass jeder Teil in uns, auch der Geiz, die Gier, der Neid und der Zorn am unteren Ende unser verängstigtes kleines Kind in uns ist. Nehmen wir den Geiz in Liebe an. Nehmen wir die Gier und den Zorn in Liebe an. Nehmen wir unser Ego und die Bewertungen in

Liebe an, einfach weil es funktioniert und wir in Liebe sein können mit uns selbst und allen anderen.

Auszug aus dem Tagebuch:

`Heute bin ich nicht ganz zufrieden mit mir. Irgendeine Stimme in mir nörgelt. Was macht mich da so unzufrieden?

Die Angst, ich würde etwas falsch machen. Die Angst, ich würde dadurch abgelehnt.

Aber ich darf das tun, was mir Spaß macht und ich muss nichts und niemandem entsprechen. Ich weiß das. Aber das Gefühl – die Angst – ist trotzdem da. Ich stoße sie nicht weg. Meine Angst gehört zu mir. Du bist mein Gefühl. Ich lege mir die Hände auf mein Herzzentrum, denke an mein Inneres Kind, die Angst schwingt aus. Jetzt bin ich wieder zufrieden und in Liebe mit mir selbst.´

DAS LEBEN IST JETZT

Was möchten wir nicht noch alles machen? Wir planen ganz genau - ein durchdachtes Konzept unserer Zukunft. Ziele, Teilziele, Wünsche erfolgreich Wirklichkeit werden lassen. So oder so ähnlich geht es den meisten von uns. Oder rückwärts: Was ist in meinem Leben nicht alles schief gelaufen. Was war früher, in meiner Vergangenheit nicht alles viel harmonischer. Wenn ich doch diese Ausbildung, den Mann, die Frau, den Job bekommen hätte, dann wäre alles anders, dann könnte ich glücklich sein. Wenn ich dies oder jenes erreichen könnte, dies oder jenes mir leisten könnte, dann wäre ich zufrieden. Was machen wir da? Du und ich, wir sitzen hier, ich schreibe, du liest. Nicht mehr und nicht weniger. Wir fühlen unseren Körper genau jetzt. Wir haben Gefühle genau jetzt. Wir sind genau jetzt emotional. Alles andere ist eine Vorstellung, wie es war oder wie es sein könnte. Es ist nicht lebendig. Wir sind dann nicht lebendig. Wir können nur lebendig sein, Gefühle erfahren, Emotionen ausleben genau in diesem Augenblick - immer nur in diesem Moment. Wir können niemals die Gefühle aus der Vergangenheit wahrnehmen. Wir können uns höchstens daran erinnern. Unsere Zukunft kreieren wir aus den Gedanken und Gefühlen in der Gegenwart. Daher macht es Sinn, wenn wir uns darum kümmern. Wir können uns aber nur selbst beobachten und unsere Gefühle bewusst wahrnehmen, sie ohne Bewertung zu uns nehmen, liebevoll annehmen, wenn wir im Jetzt leben. Halten wir uns ständig in unserem Kopf auf – dazu gehört auch das sich ständig berieseln lassen, sich ständig mit Arbeit ablenken – sind wir nicht so lebendig. Wir leben im Abseits - im Kopf. Wir sind nicht richtig da. Unser Herz nehmen wir so nicht wahr. Die unbewussten Gedankenmuster und dazugehörigen Gefühle können wir so nicht erkennen und schon gar nicht transformieren.

Bringen wir mehr und mehr unseren Verstand zur Ruhe. Machen wir ihn doch zu unserem Werkzeug. Wenn wir unser Leben aus dem ewig selben Kreislauf immer wiederkehrender Mangelzustände befreien wollen, ist die Entscheidung vom Kopf zum Herz zu wandern - zu fühlen, was mich bewegt und wohin mein Herz gehen möchte, was ich als nächstes zu tun habe und auszusprechen habe - wohl die einzig richtige Entscheidung.

Wir sind gefangen in einem Kreislauf immer wiederkehrender Gedanken und Gefühle, solange bis wir ihnen die Macht entziehen, bis wir nicht mehr an sie glauben. Wir können in unsere Schöpferkraft und in die Liebe zu uns selbst zurückkehren, wenn wir diesen Mustern die Aufmerksamkeit entziehen. Wir beobachten sie, als unsere Verletzungen und Prägungen.

Wir werden zum Beobachter unserer eigenen Spiele die wir spielen.

Da wir die Spiele immer mehr durchschauen, werden wir lockerer, leichter. Es sind nicht mehr diese Dramen, die es einmal waren.

Dieser Prozess gelingt uns aber erst dann, wenn unser ständig plapperndes Hirn weniger Aufmerksamkeit bekommt und wir uns nicht mehr in der Zukunft und der Vergangenheit oder bei den anderen aufhalten. Kommen wir zurück ins Jetzt und zu uns selbst - wenigstens einmal am Tag. Hier fühlen wir, hier im Herz sind wir lebendig. Ändern wir die Sichtweise auf die Dinge, die uns so beschäftigen. Wie wir inzwischen oft genug festgestellt haben, führen wir einen Kampf mit uns selbst und unseren Prägungen, bei uns genannt `Versager.´ Den Kampf führen wir solange, bis wir die dazugehörigen Gefühle fühlen können, eine Zuordnung haben durch unser kleines verängstigtes Kind in uns und diese Gefühle als einen Teil von uns selbst anerkennen und schließlich integrieren. Das ist unsere Aufgabe, bis wir alle verletzten Teile in uns transformiert haben, bis wir alles an uns in Liebe angenommen haben. Es ist ganz leicht. Dieser Prozess der Transformation und Heilung macht immer mehr Spaß, da wir immer schneller werden im Annehmen und die Liebe zu uns selbst größer und weiter wird. Man kann es auch so beschreiben, als ob unser Herz weiter und weiter wird. Wir können unsere Sichtweise auf die Dinge ändern, indem wir den Kampf und die Schwere jetzt loslassen. Sehen wir uns selbst doch als Abenteurer. Der Abenteuerspielplatz ist unser Leben mit allen Gefühls-Karussells, allen Auf und Abs. Unsere Gefühle und Emotionen bescheren uns so viele Abenteuer, das ist doch großartig. Leben wir im Augenblick, genießen wir unsere Gefühle, die wir täglich in Richtung Liebe verändern. Egal, welche Gefühle in uns stecken – auch wenn sie noch so unangenehm sein mögen – wir laufen nicht mehr vor ihnen weg. Denn sobald wir sie angenommen haben und zwar mit dem Herzen, nicht mit dem Verstand, verändern wir sie sowieso. Selbst wenn wir einmal richtig abstürzen, Krankheit und große Ängste über uns hereinbrechen, bleiben wir nicht im Opfer hängen. Lassen wir die Schwere los, wir können das Leben trotzdem genießen.

Auszug aus dem Tagebuch:

`Heute bin ich in mein Opferbewusstsein gefallen. Ich habe mich ohnmächtig gefühlt und hilflos, weil ich einen bestimmten Kurs fahren wollte, eine ganz genaue Vorstellung hatte und nichts so wurde, wie ich es gerne gehabt hätte. Dabei war wieder mein Druck und Stress da, etwas schaffen zu müssen. Ich wurde immer ärgerlicher, bis ich innehielt und erkannte: ich bin mein Schöpfer. Was mache ich da? Warum dieser Druck? Ich wanderte mit meiner Aufmerksamkeit zu meinem Inneren Kind. Das Gefühl war sofort da: Wenn mir das misslingt, dann bin ich zu wenig…dann genüge ich (mir selbst) nicht. So in etwa war das Gefühl´.

Wenn du eine Niederlage erlebst,
dann hilft dir nur großes Mitgefühl und viel Liebe dir selbst gegenüber.
Du bist die Liebe.
Alle anderen unangenehmen Gefühle und Emotionen sind die Blockaden.

DAS EGO

```
            (  HOHES SELBST
        (     = Spirit. Körper
     (              *
    (               *
    (               *
    (               *
          Bewusstheit- GEIST - Ego
              = Mentalkörper)
                *           )
                *            )
                *             )
                *            )
              PSYCHE  )   )
              + Phys. KÖRPER
```

Unser Ego ist die Summe aller Erfahrungen, Verletzungen und Prägungen dieses Lebens. Wir können es auch Persona oder Maske nennen. Unser Ego ist weiters das Selbstbild, das wir uns und durch unsere Umwelt erschaffen haben. Das Ego möchte dieses Selbstbild auf keinen Fall aufgeben.

Ich möchte hier jedoch auf einen bestimmten Aspekt unseres Egos eingehen:

Unser Ego ist auch ein Schutzschild für unsere Psyche. In der Psyche, unserem Verdauungsorgan für alle Erfahrungen und Eindrücke dieses Lebens, werden die Ängste, resultierend durch unsere

Verletzungen, abgespeichert. So wie unsere Psyche konzipiert ist, werden Situationen als verzerrte Wirklichkeit wahrgenommen. Das bedeutet zum Beispiel, wenn wir irgendwann in unserem Leben Ablehnung erfahren haben und diese Ablehnung als schmerzhafte Erfahrung in unserer Psyche verankert ist, so reagiert unsere Psyche mit großer Angst vor wieder einer solchen schmerzhaften Erfahrung der Ablehnung. Bevor wir nun mit diesem Schmerz konfrontiert werden oder wenn wir mit diesem Schmerz konfrontiert werden, gibt es einen Schutzmechanismus in uns:

das Ego geht in Opposition. Das Ego ist ein Teil des Geistes, allerdings ohne Bewusstheit wie der Geist selbst. Der Geist selbst ist nun jener Teil, der zwischen Ego und Psyche, Hohen Selbst und Bewusstheit vermittelt, austauscht, erklärt und bereinigt. Dadurch kann das Ego beruhigt und besänftigt, der Geist mit seinem Aspekt aus Verstand und Intellekt mit der Psyche zusammenarbeiten, um die Teile der verzerrten Wirklichkeit wieder in ein klares Bild zu rücken.

Dabei können nicht nur die neuen Verletzungen erkannt und als Illusion aufgedeckt werden, sondern in weiterer Folge (und weiterem Hinschauen) auch die tiefe Ursache von gewissen Ängsten erkannt werden (Inneres Kind). Das Ego lenkt sich außerdem ab mit äußeren Dingen, um sich nicht mit der Ursache einer Verletzung konfrontieren zu müssen.

Das Ego macht alles, um von uns selbst abzulenken
- Konkurrenzdenken
- Bewerten
- Vergleichen
- Mangeldenken
- Bestätigung suchen

Aber ich möchte hier unser Ego nicht verurteilen, sondern einfach auf die Mechanismen hinweisen, was in unserem Denken vonstatten geht. Es ist in diesem Zusammenhang wichtig zu erkennen, dass unser Ego nur ein Teil von uns ist. Eine Art Werkzeug. Es gibt genug Situationen, in denen wir uns anderen Menschen gegenüber durchsetzen sollten oder unsere Grenzen verteidigen sollten, wenn uns jemand auslaugt.

Wenn wir aber in einer Situation sind, wo wir erkennen, dass sich unser Ego wehrt, dürfen wir sofort hellwach werden. Wir dürfen uns in diesem Augenblick bewusst machen, dass uns unser Ego vor einem Gefühl der Verletzung bewahren möchte. Wir können uns dann immer mehr von unserem Ego distanzieren, mit unserem Ego als eigenständige Person kommunizieren und es sogar beruhigen.

Und später, wenn uns die übergeordneten Zusammenhänge bewusst sind, können wir auch mit der Psyche und dem Innerem Kind kommunizieren und die verzerrt wahrgenommene Wirklichkeit richtig stellen. Also unserer Psyche erklären, was wir irgendwann in unserem Leben als besondere Gefahr abgespeichert haben, weil wir sehr verletzt waren. Man kann den Teilen in sich erklären, was dahinter steckt und kann so die eigenen unbewussten Handlungen aufdecken. Das Ego möchte nicht `schuld´ sein. Unser Ego will nicht verantwortlich sein an den Folgen unserer Schöpfung. Denn klar ist, solange wir der Überzeugung sind, wir seien es nicht wert, solange wir die Gefühle der Wertlosigkeit und Unfähigkeit mit uns herumschleppen, sind wir nicht in der Kraft, uns ein Leben voller Liebe, Fülle und Erfolg zu manifestieren.

Im Gegenteil: wie Innen, so Außen (wir sind ein Magnet) ziehen wir je nach unserem inneren Empfinden genau das in unser Leben, das uns so gar nicht in der Liebe, der Fülle und Harmonie mit uns selbst sein lässt. Solange unser Ego – die Summe aller Erfahrungen dieses Lebens – uns vorgaukelt, der oder die anderen haben Schuld, dass es mir jetzt so geht, können wir unser Leben definitiv nicht verändern.

Das Ego will nicht verantwortlich sein, da wir sonst all die unangenehmen Gefühle zu uns nehmen müssten. Es will uns vor dem fühlbaren Schmerz beschützen und verschleiert das Erlebte so, dass wir es oft anders wahrnehmen oder gar nicht wahrnehmen. Wir spüren es als Widerstand, als Zorn in uns. Wir spüren es als den Verteidigungsmechanismus in uns, oder auch als Nebel, in dem wir nichts mehr richtig wahrnehmen können.

Wenn wir ehrlich bereit sind, unser Leben verändern zu wollen, können wir diesen Widerstand erkennen, in Liebe annehmen und weiter erkennen, dass uns dieser Widerstand nicht in unsere Gefühle und somit auch nicht in die Eigenverantwortung = Veränderung kommen lässt.

Lasst uns noch mal wiederholen:
ICH bin der Schöpfer meines Lebens.
Ich bin für meine innere Welt vollkommen SELBST verantwortlich.
Die Gedanken, Gefühle und Überzeugungen in mir
erschaffen meine Welt.

Nehme ich die Verletzungen meines Inneren Kindes zu mir und transformiere es mit jedem Augenblick in die Liebe, nehme ich alle Wesensanteile, die ich an mir ablehne, zu mir und transformiere sie in die Liebe, nehme ich alle Gefühle der Wertlosigkeit, des Ungeliebt-Seins, des Abgelehnt-Seins, der Minderwertigkeit, der Unfähigkeit in Liebe zu mir – stoße sie nicht mehr weg, weil sie sich so unangenehm anfühlen – dann bin ich selbst langsam aber sicher bedingungslose, allumfassende Liebe. Aus dieser Liebe zu uns selbst und allem was ist, erschaffen wir uns eine neue Realität. Wir fühlen die Liebe, senden sie aus und erfahren die Liebe um uns herum als Reflektion. Jetzt ist es unwichtig, ob wir erfolgreich sind, ob wir einer Vorstellung oder einem bestimmten Selbstbild entsprechen. Wir machen nur mehr das, was wir lieben, was unser Herz uns sagt.

Wir sind mehr und mehr in der Lage, unsere Herzenswünsche zu manifestieren und die betreffen vor allen anderen Dingen im Außen zuerst einmal den Frieden mit uns selbst zu finden. Unsere Herzenswünsche sollten weniger den Erfolg unserer Karrieren und Partnerschaften betreffen, sondern den Erfolg mit uns in Liebe sein zu können. Den Frieden, die Harmonie, die Fülle in uns selbst und mit uns selbst fühlen können. Alles andere ergibt sich für uns von ganz allein. Vorrangig ist, wie wir uns fühlen, wie sich unser Herz fühlt. Wo zieht es mich hin? Was fühlt sich für mich gut an?

Den Kampf im Außen, das Ringen um Anerkennung und Zuneigung haben wir zur Genüge ausgelebt – es funktioniert nicht. Es kann nicht funktionieren, wenn wir uns tief im Inneren als Versager empfinden und das lange Zeit nicht einmal wahrnehmen, weil uns unser Ego vor diesen Gefühlen schützen möchte.

Liebes Ego, du brauchst niemandem entsprechen und es niemandem Recht machen wollen. Wir brauchen nur auf die Stimme unseres Herzens achten.

Du bist nicht dein Ego.
Dein Ego ist die Summe
aller Prägungen
von deiner Geburt
bis zum heutigen Tag.
Ein großer Teil deines Egos ist daher dein
Inneres Kind,

denn hier wurdest du geprägt ohne es zu hinterfragen.

Hier bist du noch ein leeres Gefäß, formbar, ohne eigene Vorstellungen.

Dein Ego erschafft sich mit
dem Verstand/ Geist
ein Bild von und über dich selbst.

Es erschafft sich mehrere Idealvorstellungen, wie es sein möchte.

Dieses Selbstbildnis, das nur durch die Reaktionen und Erfahrungen

mit deiner direkten Umgebung entstand, möchte dein Ego verteidigen.

Dein Ego möchte gut sein.
Es möchte liebenswert sein,
daher verdrängt es die
eigenen Schatten.
Dein Ego verschleiert.

Dein Ego hat bestimmte Erfahrungen gemacht, die mit Verletzungen

zu tun hatten und möchte dich daher vor ähnlichen Erfahrungen bewahren.

Das Ego fährt sein Schutzschild auf,
wie auch immer sich das äußert.

Dein Ego hat Angst.

Dein Ego hat eine genaue Vorstellung, wie es sein möchte.
Es hat Werte, Richtlinien, Dogmen
wie du und dein Leben zu sein haben.
Diese genaue Vorstellung macht dich aber unfrei und unflexibel.
Diese Werte und Richtlinien werden mit unter zu den Zwängen,
die dir dein Leben schwer machen.
Du brauchst niemandem entsprechen. Du brauchst dir und anderen
nichts beweisen. Du brauchst nur auf deine Herzensstimme achten.

Wir sind die göttlichen Wesen, die mit diesem menschlichen Körper verbunden sind. Ich und du, wir sind nicht die Summe der Erfahrungen dieses Lebens. Wir sind nicht unsere Egos.

Auszug aus dem Tagebuch:
Mein lieber Versager in mir. Ich weiß, du möchtest so gern etwas erreichen. Du willst dich wertvoll und anerkannt fühlen. Es kränkt dich so sehr, dass deine Arbeit niemand beachtet. Du bekommst keine Anerkennung, weder von mir, noch von Außen. Du hast Angst es zuzugeben. Es passt nicht in dein Selbstbild – in das Selbstbild eines Menschen, der sein Leben im Griff hat.

Ja, es ist mein Wunsch mein Leben mit meiner Arbeit aufzuwerten. Und solange ich daran festhalte – an dem Selbstbild erfolgreich und anerkannt sein zu müssen, um ein erfülltes Leben führen zu können – solange ich nicht in das Bewusstsein komme, dass ich sowieso wertvoll und anerkannt bin, egal was ich tue – dass ich einfach sein darf, mir und anderen nichts beweisen muss – solange ich daran festhalte, kann keine Veränderung geschehen.

Ich kämpfe, ich bin verzweifelt und ich schäme mich. Ich vergebe mir nun diese Gefühle. Ich vergebe mir für dieses Selbstbild, an dem ich festhalte. Ich bitte um die Bereitschaft, dieses Selbstbild loslassen zu können, um in den Frieden zu kommen. Nichts mehr darstellen müssen, beweisen müssen, sondern SEIN dürfen.

Der folgende Text mag eine Herausforderung darstellen für unser Ego, aber früher oder später finden wir in dieses Bewusstsein:

Du bist das ewige SEIN.

Du bist Gott und Göttin.

Dein HOHES SELBST ist dein wahres SEIN.

Die Inkarnation ist das Abenteuer, das du dir gewählt hast im Hier und Jetzt.

Diese Inkarnation hat Erfahrungen gesammelt und ist geprägt worden -

von der Zeit im Mutterleib bis zum heutigen Tag.

Das Ergebnis dieser Erfahrungen ist dein Ich – Empfinden.

Du identifizierst dich mit
dieser Inkarnation.
Du bist aber nicht diese Inkarnation.
Wechsle in das Bewusstsein deines HOHEN SELBST und
erkläre deiner Inkarnation
und deinem Ego,
dass alles nur ein Spiel ist.

Liebe Inkarnation namens ……
All deine Ängste und alle Zwänge sind nicht real.
Alle Verletzungen und destruktiven Gefühle darfst du dir vergeben.
Befreie dich aus den Zwängen deiner kindlichen Prägungen.
Alle Ängste, Ideale und Zwänge entstammen dieser Inkarnation,
diesem Leben.
Distanziere dich ganz bewusst von den Verknüpfungen mit dem
Ego dieses Lebens.
Dein wahres Selbst ist immer frei, in Frieden, in der Liebe – ist frei von Leid.

BLOCKADEN BEARBEITEN

Wie geht das nun genau, meine Blockaden zuzulassen? Was ist ein Blockaden Abgang? Wie bearbeite ich meine Blockaden?

Das erste und oft einzige, das wir wahrnehmen, sind Emotionen. Emotionen sind immer oberflächlich. Wut und Zorn, Trauer und Depressionen, Angst, übersteigerte Freude sind das, was wir alle wahrnehmen. Wir alle haben diese Emotionen. Sie fühlen wir klar und deutlich. Was passiert nun? Normalerweise bleiben wir hier stehen und zeigen auf unser Gegenüber (oder was auch immer sich gerade zur Verfügung stellt) und erklären, dass er/sie/es verantwortlich ist, dass wir uns jetzt gerade so fühlen. Damit machen wir es uns sehr leicht, denn so geben wir die Verantwortung ab und beachten nicht, was wirklich in uns steckt; was der wahre Grund für unsere emotionalen Ausbrüche ist.

Daher ist es so wichtig, uns wieder bewusst zu machen, dass diese Situationen eine Möglichkeit darstellen, um in uns hinein zu fühlen und zu erkennen, welche Gefühle hier der Heilung bedürfen. Wir brauchen zuerst die Bereitschaft unsere Gefühle ehrlich fühlen zu wollen, denn die Blockade ist viel tiefer angesiedelt als die Emotion.

Haben wir also die nötige Bereitschaft entwickelt, geht es darum, jetzt in dieser emotionalen Situation `hinter´ oder besser `unter´ die Emotion zu blicken. Hier stoßen wir auf ein erstes Gefühl. (Emotionen sind keine Gefühle)

Es kann eine Hilflosigkeit, eine Unzufriedenheit oder ein Gefühl von Widerstand sein.

Was auch immer wir wahrnehmen, wir registrieren es und nehmen dieses Gefühl als unseres an. Wir nehmen es so lange an, bis sich das Gefühl verändert. Ich persönlich empfinde dann meist Frieden oder sogar Liebe. Oder wir entscheiden uns, dass die Reise weiter nach unten in die Tiefe gehen darf. Inzwischen haben wir uns voll und ganz aus dem äußeren Geschehen zurückgezogen. Wir sind vollkommen bei uns. Ja, selbst im Büro oder auf der Straße schaffen wir das. Wir ziehen die gesamte Aufmerksamkeit in unsere nach Innen gerichtete Beobachtung. Was passiert als nächstes? Wir fühlen plötzlich ein Ungeliebt-Sein, eine Wertlosigkeit, die wir so im Alltag vielleicht noch gar nie wahrgenommen haben, da wir bisher nur mit Zorn oder Traurigkeit, vielleicht auch Selbstmitleid, beschäftigt waren. Auch diese Gefühle heißen wir willkommen. Es sind unsere Gefühle. Wir haben sie uns erschaffen. Wenn wir unser Inneres Kind nun fühlen können, nehmen wir es liebevoll in den Arm. Solange, bis sich ein warmes Gefühl in unseren Herzen einstellt oder wir in die Liebe uns selbst gegenüber zurückfinden.

Aber es kann auch sein, dass wir noch tiefer hinabsteigen dürfen.

Denn noch eine Ebene darunter fühlen wir aufmerksam nach, ob wir jetzt eine Scham oder Schuld, den absoluten Sud und Sumpf der eigenen Seele, entdecken können. Die Scham und die Schuld dürfen wir uns jetzt aufrichtig vergeben, denn sie sind irgendwann in der Vergangenheit entstanden und haben nun keine Berechtigung mehr, unser Leben so stark zu beeinflussen. Schuld- und Schamgefühle sind die Energien in uns mit der absolut niedrigsten Schwingung. Das bedeutet, solange wir diese Energien in unserem System gespeichert haben, solange wir diese tief sitzenden Blockaden mit uns herumtragen, sind wir nicht frei und nicht geheilt.

Es gibt so viele kleine Situationen, wo wir über die Emotionen in unser Gefühl gelangen können. Dort finden wir alle erdenklichen Gefühle, wie das Ungeliebt-Sein, Ausgegrenzt-Sein, Abgelehnt-Sein, Nicht-beachtet-Sein, Sich-wertlos-fühlen, Sich-minderwertig-fühlen, Einsamkeit, Hilflosigkeit, Verzweiflung, Hoffnungslosigkeit und was auch immer unser Inneres Kind erfahren hat. Natürlich auch das, was wir schon lange vergessen haben. In Momenten des Vertrauens und der Sicherheit ereignen sich sogar Geschenke, die wir als `Blockaden Abgang´ bezeichnen. Es sind Ausbrüche, Vulkanausbrüche, die versteckte und verdrängte Gefühlsblasen an die Oberfläche bringen, denn diese niedrigen Energien wollen herauf an die Oberfläche. Wenn wir ihnen bewusst die Möglichkeit geben, wenn wir in die Bereitschaft gehen und auch Unterstützung von Außen annehmen lernen, dann darf uns diese Erfahrung einen ordentlichen Schub in unsere Freiheit bringen. Unsere Blockaden werden alle in der Kindheit aktiviert, wo auch immer diese energetisch entstanden sein mag. Ich für mich weiß, dass sie aus früheren Leben stammen, aber das ist nicht wichtig.

Wichtig ist nur, sich diese Blockaden ehrlich einzugestehen, sich nicht vormachen, dass diese verdrängten Gefühlsansammlungen nur manche Menschen betrifft. Oft machen sie sich über unseren Körper bemerkbar, der aufschreit. Wir sollten ihn nicht länger ignorieren. Jeder Mensch hat diese tief sitzenden Blockaden, sowie Schuld- und Schamgefühle, die durch entsprechende Bereitschaft und bewusste Auseinandersetzung ausbrechen dürfen und sollen. Es ist wünschenswert. Wir dürfen unsere Angst diesbezüglich wirklich auflösen. Unsere Seele findet Möglichkeiten uns mit diesen tiefen Blockaden zu konfrontieren. Sie erschafft uns Chancen, die Vulkanausbrüche zulassen zu können und wenn wir in das Bewusstsein für Bereitschaft zur Heilung unserer Seele gelangen können, kann dieser Prozess mit viel Klarheit und wenig bis gar kein Chaos vonstatten gehen. Viele Erlebnisse, Begegnungen und Wahrnehmungen bringen uns am unteren Teil der emotionalen und gefühlten Empfindungen in unsere Schuldgefühle oder/und Schamgefühle. Das ist gut so. Auch dieser verdrängte, zu betonierte Sumpf gehört ausgehoben. Denn - wie schon erklärt – alles das, was da unten in der Tiefe brodelt, beeinflusst unsere Schöpfungsprozesse, also alle Manifestationen, Wunscherfüllung und natürlich unsere Beziehungen. Diese niederen Energien behindern das Bewusstsein für unsere Schöpferkraft und Göttlichkeit.

Der Abschluss der Bearbeitung von Blockaden ist für mich der schönste und wichtigste Part: die Selbstvergebung. Wir vergeben uns, dass wir diese Gefühle in uns tragen, wir vergeben uns, weil wir diesen Gefühlen geglaubt haben. Es ist eine Vergebung als Akt der bedingungslosen Selbstliebe. Wir lieben uns mit all unseren Blockaden. Sie waren da, wir haben sie aufrichtig gefühlt, wir haben sie nicht verurteilt und wir haben sie angenommen, in unser Herz aufgenommen. Jetzt dürfen wir uns dafür vergeben. Die Selbstvergebung ist ein Gefühl. Du wirst es erkennen, wenn du es fühlst. Vom Kopf aus können wir uns selbst jedenfalls nicht vergeben.

Ich habe dazu folgenden Text gefunden, der zum Thema passt.

Auszug aus dem Tagebuch:

Ich darf mir heute vergeben für eine sehr deprimierende Zeit meines Lebens, die mich über einen Zeitraum von bis zu zwei Jahren niedergehalten hat. Ich war doch tatsächlich im Glauben, diese Erfahrungen wären erledigt.

Ich vergebe mir die Überzeugung,
ich hätte versagt.
Ich vergebe mir die Überzeugung,
ich wäre nicht gut genug.
Ich vergebe mir die Überzeugung,
ich sei wertlos.
Ich vergebe mir das Gefühl, völlig wertlos zu sein.
Ich vergebe mir das Gefühl, mich dafür schämen zu müssen.
Ich vergebe mir das Gefühl, unfähig zu sein.

Ich vergebe mir und bitte damit meine Seele um Verzeihung.

Es ist als wären zwanzig Jahre zurückgedreht worden. Mein Innenleben fühlt sich wie die junge Frau, die ich damals war. Ich habe all diese Gefühle verdrängt. Ich habe sie weggesteckt, irgendwo vergraben und war jetzt bereit sie zu fühlen. Es ist gut so. Ich schaffe das jetzt! Habe ich wirklich angenommen, all das hätte keine Spuren hinterlassen? Wie konnte ich nur annehmen: `diese Zeit war eben so, wie sie war´? Dabei habe ich damals all die Gefühle der Enttäuschung, der Verzweiflung, der Hoffnungslosigkeit schlicht weg verdrängt.

So viel Enttäuschung in so kurzer Zeit und ich habe mich durch Ablenkung und Verdrängung aus dieser Depression heraus gemogelt, während all die frustrierenden Gefühle zurückblieben – in meinem System abgespeichert, bereit, mir immer wieder frustrierende Erfahrungen in mein Leben einzuladen.

Auszug aus dem Tagebuch:

Ich bin gefangen in einer Blase. Einer Gefühlsblase namens Hoffnungslosigkeit. Das Gefühl ist so, als würde sich nie etwas verändern in meinem Leben. Schwer, sehr schwer. Verschiedene Erlebnisse seit gestern Abend haben mich heute in dieses Gefühl kommen lassen – es fühlbar gemacht. Die Hoffnungslosigkeit des Versagers. Fast hätte ich es zugelassen, diese Blase gar nicht wahrzunehmen. Fast hätte ich es weggewischt aus meiner

Wahrnehmung. Das zweite Gefühl, das ich entdecken konnte, ist absolute Wertlosigkeit. Mein Mitgefühl sagt: `Na und? Dann fühlst du dich halt so. Ist doch okay´! Und ich antworte: `Ja, es ist okay´.

Ich vergebe mir. Ich vergebe mir mein Gefühl der Wertlosigkeit. Ich vergebe mir meine Hoffnungslosigkeit. Ich liebe dich, mein liebes Kind in mir. Du bist wertvoll! Du bist vollkommen! Du musst nichts dafür tun! Ich vergebe mir das Gefühl, zu wenig wertvoll zu sein.

`Hallo Wertlosigkeit. Schön, dass du da bist. Ich kann dich nur annehmen, wenn ich dich fühle. Darum freu ich mich, dich zu fühlen. Mit jedem Mal wird es einfacher und wische mir die Tränen der Erleichterung von meinen Wangen.

ANGST BEARBEITEN

Ich sehe die größte Blockade der Menschen in unseren Ängsten. Die Angst schneidet uns sofort von unserer Kraft ab. Es heißt Angst sei das Gegenteil von Liebe, für mich deshalb, da uns die Angst die Verbindung in die Ebene des Lichts, also zu unserer Seele blockiert. Dann leben wir nur mehr aus dem Vorstand und dem Ego und diese zwei sind keine guten Ratgeber wie wir bereits wissen. Die Ängste halten uns - ebenso wie Schuld und Scham – in einer sehr niederen Schwingung. Das weiß jeder, der/die schon einmal massive Angstzustände erlebt hat. Aber auch die vielen kleinen Ängste blockieren unser Leben. Wie schon erwähnt, wenn wir in der Angst sind, sehen wir wie in einem Nebel, wir fühlen nur noch Schwere oder sogar Verzweiflung, wie sehen nur mehr schwarz. Im Gegensatz dazu steht das Licht, die Ebene unserer Seelen, mit ihrer Klarheit, Leichtigkeit und Freude. Diese Qualitäten sind in unserem Sein immer vorhanden. Wenn wir aber in der Angst sind spüren wir diese Aspekte nicht mehr.

Wie kommen wir nun wieder zurück, aus dieser Angst heraus in unsere Mitte, in eine Gelassenheit und schließlich wieder in ein positives Erleben unserer Welt?

Mit den Ängsten ist es ein bisschen anders als mit unseren negativen Gefühlen.

Ich möchte hier meine Art und Weise beschreiben, wie ich massive Ängste in jeder neuen Situation mehr und mehr auflösen konnte und kann. Diese Art der Transformation ist natürlich für alle Menschen geeignet.

Übung:

Wenn die Angst in deinem Leben spürbar wird –
versuche zuerst, diese Angst zu benennen:
Was ist das für eine Angst, die mich hier zu beherrschen versucht?
Als Nächstes machst du dir bewusst, dass diese Angst eine Energie ist-
eine Energie, die du selbst nährst, denn du bist der Schöpfer.
Also ist diese Angst eine Emotion ähnlich wie Hass oder Zorn-
daher ein bestimmter Ausdruck von Energie.

Auch wenn du vielleicht nichts mit dem Begriff Energie anzufangen weißt, erinnere dich an die Emotionen und erinnere dich an die immense Energie, die sie freisetzen.
Du erzeugst diese Energie und Energie geht nicht verloren. Aber wir können sie umwandeln:
die Gefühle in uns durch liebevolles Annehmen und die Ängste durch Ausschwingen lassen!

Was bedeutet nun `die Angst ausschwingen lassen´?

Wenn durch bestimmte Gedanken oder Situationen in deinem Leben die Angst spürbar wird, du sie erkennst und benennen kannst,
sie als Energie definieren kannst, dann beginne jetzt diese Form
von Energie zu beobachten und atme.

Atme vor allem ganz bewusst aus und beobachte weiterhin
diese Energie der Angst, bis sie langsam aber sicher weniger wird.
Nach einer gewissen Zeit spürst du, wie es sich verändert.
Die Angst hat sich durch deine Beobachtung und
durch dein Nicht-identifizieren-mit-der-Angst fast komplett aufgelöst.

Mit jeder Situation, wo du diese Transformation anwendest,
lässt sich die Angst noch schneller ausschwingen.

Du kannst auch versuchen gleich wieder Gedanken der Klarheit und Kraft in dir zu erzeugen. Somit kannst du noch schneller in deine Mitte zurückfinden.

Am Anfang genügt es aber sicher, die Angst ausschwingen zu lernen.

Das Wichtigste dabei ist, diese Angst nicht bekämpfen oder irgendwie loswerden zu wollen – das funktioniert meiner Erfahrung nach überhaupt nicht.

Denk daran – diese Angst ist `nur´ eine Energie.

Du beobachtest und atmest so lange, bis sie sich auflöst.

Teil 3

KRITISCHE STIMMEN

Erkennen wir doch für uns selbst, dass die Menschen (so auch unsere Eltern), die uns verletzt haben oder immer noch verletzen nicht in der Liebe zu sich selbst und anderen sind. Sie geben den Schmerz an uns weiter, den sie in sich verspüren. Sie geben auch Erfahrungen weiter, die sie selbst in den Schmerz gebracht haben. Lassen wir sie in Frieden, die ihren eigenen Schmerz nicht ertragen können. Kommen wir wieder zurück zu unserem eigenen Schmerz, kümmern wir uns gerade jetzt um unser eigenes Inneres Kind. Ob der oder die andere sich um ihren Schmerz kümmern, ist nicht wichtig. Machen wir uns einmal mehr bewusst, dass alle diese Begegnungen unsere Schöpfung sind. Zur Wiederholung – denn man kann es nicht oft genug hören – wir kreieren unser Leben aus unseren aktuellen Gedanken, Gefühlen und zugrunde liegenden energetischen Mustern heraus. Alles Erlebte im Außen ist die Folge unserer Energie, die wir sind, die wir aussenden. Magnetische Energie.

Gehen wir zurück zu uns und unser Herzzentrum. Fühlen wir die Verletzung. Nehmen wir unsere Gefühle liebevoll an uns:

Du bist mein Gefühl, ich habe dich erschaffen.
Komm her zu mir.
Schön, dass du da bist.

Auch wenn es dem einen oder anderen lächerlich erscheint auf diese Weise mit sich selbst zu kommunizieren, ich kann aus eigener Erfahrung sagen, dass wir während einer Situation, die uns in irgendeiner Form aufwühlt sofort im Außen hängen bleiben. Das geht uns allen gleich. Wenn wir diese Zeilen lesen, fällt es uns leicht, das alles zu verstehen und sind zuversichtlich, dass wir es auch umsetzen werden. Aber lass einige Zeit vergehen und wir sind im selben alten Trott gefangen - einfach weil wir es unser gesamtes Leben so gemacht haben. Die anderen sind Idioten, sind gefühllos oder boshaft zu uns. Und schon bleiben wir mit unseren

Emotionen bei den Anderen hängen. Wir fühlen nichts in uns, kein Gefühl der Verletzung unseres Inneren Kindes. Wir verurteilen sie und bewerten sie, sehen uns als Opfer.

Wir brauchen uns in diesem Leben um nichts mehr zu bemühen, einzig um das Fühlen, das Zulassen und Annehmen unserer Gefühle und die dazugehörigen Überzeugungen in unserem mentalen Bewusstsein umschreiben. Machen wir uns jedes Mal aufs Neue bewusst, dass unser Versagen ein Teil in uns ist, eine Energie - wo auch immer diese herkommt, aus früheren Leben oder übernommen von den Eltern – diese Energie möchte genauso angenommen sein. Das Kind in uns möchte geliebt sein, auch ohne die Erwartungen erfüllen zu können.

Alle unsere Gedankenstrukturen sind mit unseren Gefühlen verbunden. Schreiben wir sie neu. Wir brauchen diese Gedanken, die uns unzufrieden werden lassen, nicht zu Ende denken. Wir können sofort Stopp sagen und uns für die Liebe entscheiden. Für die Liebe zu uns selbst. Jeder Gedanke, jedes gedankliche Muster, das uns in eine Unzufriedenheit bringt – und das spüren wir sofort: Selbstkritik, Selbstvorwürfe, Selbstbewertung meiner Selbst und meines Körpers schneiden mich sofort ab von der wachsenden Selbstliebe in mir. Wenn wir uns genau beobachten, spüren wir sofort die Veränderung unseres Wohlbefindens.

Erst wenn wir Stopp sagen, uns erneut liebevoll annehmen, auch den Kritiker in uns, denn auch er ist ein Teil von uns, kann sich die Unzufriedenheit auflösen. Oft findet dieser Kritiker in uns den Tadel im Außen und wir bekommen unbewusst bestätigt, was wir über uns selbst glauben und die Abwärtsspirale der Selbstabwertung nimmt seinen Lauf.

Übung:

Betrachte die Menschen, die dir das Gefühl geben, du solltest anders sein. Schau dir genau an, was sie an dir kritisieren. Sei ganz ehrlich und objektiv bei der Beobachtung.

Als nächstes machst du dir bewusst, dass diese Menschen nur das kritisieren, was du dir selbst nicht erlaubst zu sein. Mach dir bewusst, dass sie nur kritisieren, was du an die selbst nicht magst. (Gesetz der Resonanz) Würdest du diese Eigenschaften bejahen, wäre dir egal, was andere dazu meinen.

Zuletzt nimmst du die Kritik – deine

oder deren – und verwandelst sie in das genaue Gegenteil, z.B. `Unordentlich sein darf man nicht´ wird zu:

`Ich darf unordentlich sein´

`Ich darf faul sein´

`Ich darf aufmüpfig sein´

`Ich darf aggressiv sein´

`Ich darf empfindlich sein´

`Ich darf egoistisch sein,

und wenn du ein Problem damit hast,

ist das deine Sache´!

Nimm alle Eigenschaften und Eigenheiten seit deiner frühesten Kindheit von denen du bisher dachtest, so dürftest du nicht sein und schreib sie auf diese Weise um. Wir haben im Laufe unseres Lebens begonnen uns anzupassen - meist unseren Eltern zuliebe. Wir haben dabei gelernt, dass manche Eigenschaften erwünscht sind, andere absolut unerwünscht. Um Liebe zu bekommen, haben wir begonnen, bestimmte Wesensanteile zu verleugnen.

Wir haben sie in unseren Schatten verbannt oder versucht sie ganz loszuwerden. Der große Irrtum dabei ist, dass wir geglaubt haben, diese Teile wären nicht liebenswert und wir dürften diese nicht ausleben. Was wir dabei übersehen haben, ist, dass uns genau diese Eigenschaften so einzigartig machen. Wir sind erst vollkommen mit all unseren Ecken und Kanten.

DIE ELTERN

Da gibt es diesen `Merkspruch für
Erwachsene´ von
Chalil Dschibran (1883-1931):

Eure Kinder sind nicht euer Besitz.
Sie sind die Söhne und Töchter der Sehnsucht des Lebens nach sich selbst.
Sie kommen durch euch, aber nicht von euch.
Ihr könnt ihnen eure Liebe geben, aber nicht eure Gedanken.
Ihr könnt ihren Körpern ein Zuhause geben, aber nicht ihren Seelen,
denn ihre Seelen wohnen in dem Haus von morgen,
das ihr nicht besuchen könnt, nicht einmal in euren Träumen.
Wenn ihr wollt, könnt ihr euch bemühen zu werden wie sie,
aber ihr dürft sie nicht dahin bringen wollen, zu werden wie ihr.
Denn das Leben geht nicht rückwärts und hält sich nicht auf beim Gestern.

(Diese Zeilen habe ich mit 12 Jahren auf ein Plakat geschrieben und auf unsere Klotür gehängt.)

Nun drehen wir das Ganze einmal um und wenden diese Weisheit folgendermaßen an:

Eure Eltern sind nicht schuldig. Sie sind das Ergebnis ihrer eigenen Kindheit und ihrer eigenen Ungeliebtheit. Sie versuchen ihr Bestes, können aber nie so perfekt sein wie ihr Kinder, die ihr seid und ward. Sie tragen ihre eigenen verletzten Kinder in sich.

Ihr könnt ihnen vergeben, aber sie nicht verantwortlich machen für euer jetziges Leben. Ihr könnt lernen sie zu lieben - auch mit all den Fehlern, die sie gemacht haben. Ihr könnt erkennen, was sie euch vorgelebt haben und euch bewusst entscheiden, ob das für euch seine Richtigkeit hat oder nicht. Ihr könnt bewusst entscheiden, ihre Talente zu sehen, die ihr auch in euch trägt. Eure Seelen haben sich eure Eltern gewählt um vieles zu aktivieren, was eure Seele erkennen und erfahren will.

Denn die Wahrheit ist: unsere Eltern waren niemals dafür verantwortlich, wie es uns heute geht. Egal welch haarsträubende Dinge sie mit uns getan haben oder was sie alles nicht getan haben, sie sind genauso das Ergebnis ihrer eigenen Kindheit und der darin ausgelösten Blockaden, die sie uns vorgelebt und auf ihre Weise an uns weitergegeben haben. Wenn wir uns aus dem Opfer heraus in die Schöpferkraft und die Eigenverantwortung entwickeln möchten, kommen wir nicht umhin, die Verletzungen und Prägungen durch unsere Eltern anzusehen. Aber bitte ohne Schuldzuweisung. Wir alle sind göttliche Wesen. Vollkommene Geschöpfe, die sich als Seele die eine oder andere emotional oder auch körperlich heftige Erfahrung gewählt hat. Es gibt auch viele Erfahrungen, welche in unserer Kindheit passiert sind, die nur in der Tiefe begreifbar sind. Oberflächlich gesehen erkennt man vielleicht gar keine großartigen Verletzungen. Erst genauere Betrachten, wie wir als Kind gefühlt und gedacht haben, lässt uns Klarheit finden über einige Blockaden, die wir noch immer mit uns herumtragen. Zum einen sind es Gefühle die unsere Eltern und unser Umfeld durch ihr Verhalten bei uns verursacht haben. Zum anderen sind es Prägungen die wir von der mütterlichen Seite, sowie von der väterlichen Seite erfahren haben, wie man sich als Frau und als Mann in den verschiedenen Lebensbereichen verhält. Das was wir hier viele Jahre unserer Kindheit sehen, wird unsere Realität. Ob wir wollen, oder nicht. Als Frau erfolgt das Übernehmen der Verhaltensmuster mehr von der Mutter. Als Mann wirkt mehr die Prägung vom Vater und auch Stiefvater.

Nun muss man unterscheiden zwischen der Rollenverteilung von Mann und Frau und den weiblichen sowie männlichen Aspekten in uns. Diese unterschiedlichen Bereiche möchte ich hier kurz erläutern.

Unsere männlichen und unsere weiblichen Aspekte in uns sind unabhängig vom Geschlecht. Wir haben beide Seiten in uns zu entwickeln und zu leben um Ganzheit zu erfahren. Bei den meisten

Menschen sind diese beiden Seiten unterschiedlich gepolt. Bei manchen sind die männlichen Aspekte verstärkt ausgeprägt, bei anderen die Weiblichen. Und es gibt natürlich auch neutrale Aspekte in uns, wie zum Beispiel die Liebe.

Die männlichen Aspekte sind Ausdauer, Disziplin, Durchsetzungskraft, Autorität, Gehorsam, Handeln, Umsetzung, Macht, Stärke, Tüchtigkeit, Abenteuer, Bereitschaft, Schutz, Geben, Selbstbewusstsein, Aufrichtigkeit, Zielstrebigkeit, Gerechtigkeit, Klarheit, Konzentration, Achtsamkeit, Charisma, Flexibilität;

Die weiblichen Aspekte sind: Frieden, Freiheit, Freude, Mut, Dankbarkeit, Demut, Dienen, Selbstliebe, Verantwortung, Mitgefühl, Empfänglichkeit, Humor, Hingabe, Leichtigkeit, Verspieltheit, Offenheit, Vertrauen, Annahme, Gelassenheit, Kreativität, Verbundenheit, Transformation, Glaubenskraft, Körperbewusstsein, Gnade, Barmherzigkeit, Loslassen; Unsere weibliche Seite ist unser Gefühl (= die Göttin in uns). Unsere männliche Seite ist unsere Inspiration (= unsere göttliche Führung/Wissen). Beide Aspekte harmonisch vereint ergeben unsere göttliche Weisheit und lassen im optimalen Fall die Liebe über unser Herz in die Welt hinausstrahlen. Das ist sehr theoretisch und bedeutet nichts anderes, als dass wir mit intuitivem Wissen und dem Gefühl in uns jene Erkenntnisse erlangen, um uns selbst heilen zu können. Heilung bedeutet zur Wiederholung alle Teile von uns lieben zu können - egal welche, auch unser Ego, Neid, Gier, Geiz und Zorn, sowie unsere Sexualität. Wir bewerten nichts mehr und bringen diese Teile ins Bewusstsein (Licht), damit wir uns sehr bewusst entscheiden können, will ich gierig, geizig oder zornig sein oder nicht.

Wissen allein bringt uns keine Transformation. Dazu brauchen wir eben unser Gefühl. Wir können nur durch das Eintauchen in die Gefühle diese Transformation erlangen. Es bringt uns nichts alles in der Theorie zu wissen, es aber nicht zu fühlen, da so unsere Blockaden nicht geheilt werden können. Ohne dem Gefühl kann die Blockade nicht transformiert werden.

Das ist also die Bedeutung der männlichen und weiblichen Aspekte in uns. Man kann sich vorstellen, dass die weiblichen Züge, wie Annehmen, Mitgefühl, Dankbarkeit, Selbstliebe mit diesem Heilungsprozess eine Menge zu tun haben. Darum geht es hier immer wieder um das Fühlen und Annehmen unserer Gefühle, unserer Inneren Kinder. Daher heißt das Training, das wir in unseren Schulen leider nie gelernt haben, Selbstbeobachtung, Selbstannahme, Selbstliebe entwickeln.

Aber nun zurück zu unseren Eltern und den Geschlechterrollen, die sie uns perfekt vorgespielt haben. Hier geht es um die Eltern unserer Kindheit:

Stell dir folgende Fragen und schreib am Besten alles auf, was dir in den Sinn kommt.

Wie haben sich deine Eltern in der Kindheit verhalten?
- dir gegenüber?
- zueinander?
- welche Eigenheiten und Vorlieben hatten sie?
- welche Gefühle und Emotionen konntest du wahrnehmen?
- was konntest du an ihnen gut leiden?
- was hast du abgelehnt?
- wie hat ihr Alltag ausgesehen?

Arbeite diese Fragen in Ruhe aus und falls du dich nicht erinnern kannst, meditiere darüber. Nun bring die Fragen und Antworten in Bezug auf dich selbst. Wo findest du Parallelen? Wo verhältst du dich ganz ähnlich? Wie verhältst du dich in deiner Beziehung zu deinem Partner? Deinen Kindern? Zu dir selbst? Mach dir bewusst, dass du gewisse Muster von deinen Eltern übernommen hast, weil deine Seele sich daraus heraus entwickeln möchte. Frag dich selbst, ob du diese Prägungen an deine Kinder weitergeben möchtest oder nicht, falls du Kinder hast. Frag dich, welche Prägungen besonders hinderlich für dich sind, um in die Freiheit und den Frieden zu kommen. Frag dich, ob du einem Elternteil als Kind eventuell helfen wolltest und wie das ausgesehen hat? Hast du Schmerz erfahren? Hast du ihren Schmerz mitbekommen? Haben sie ihren Schmerz an dich abgegeben? Haben sie dich wahrgenommen? Hast du Unterstützung erhalten, als du sie brauchtest, oder nicht? Hast du viel

Verantwortung tragen müssen, für die du noch nicht reif warst? Haben sie dich unter Druck gesetzt? Hast du dich beschützt gefühlt oder eher nicht? Nimm dir viel Zeit mit der Beantwortung dieser Fragen. Sprich auch mit deiner Mutter, deinem Vater darüber, wenn sie noch leben und du es gerne möchtest.

Warum ist eine friedliche innere Beziehung mit unseren Müttern und Vätern der Kindheit so wichtig? Sind wir frei von den Verstrickungen, die wir zwangsläufig durch die vielen Jahre der Abhängigkeit während unserer Kindheit mit Mutter und Vater erlebt haben, können wir erst die männliche Kraft und die weibliche Kraft in uns verwirklichen. Das geht aber nur, wenn wir erkennen und auflösen, auf welche Weise wir mit unseren Eltern in Unfrieden, in Ablehnung und in Vorwürfen stecken.

Die innere Beziehung zu unserem Vater hat großen Einfluss auf Lebensbereiche wie: beruflicher Erfolg, glückliche Beziehungen und Lebensfreude.

Die Mutterbeziehung hat Einfluss auf den Frieden mit uns und unserem Leben, auf Freiheit und die Klarheit im Leben. Wenn wir uns nicht mehr als Versager fühlen möchten, werden wir uns ganz bestimmt einen langen Zeitraum mit dem Vater und der Mutter unserer Kindheit auseinandersetzen. Wenn Scham- und Schuldgefühle tief in uns schlummern, wenn wir Schmerz, Leid und Opferbereitschaft eines Elternteils seit unserer Kindheit mit uns herumtragen, wenn wir die Unsicherheit und Gefühle der Minderwertigkeit des Vaters auf uns genommen haben, weil wir ihn retten wollten, dann brauchen wir uns nicht wundern, dass unser Leben nicht so funktioniert, wie wir es uns wünschen. Durch intensive Auseinandersetzung mit Vater und Mutter können wir noch sehr viel mehr Gefühle, Muster, Prägungen und Glaubenssätze ausfindig machen, als wir das im Alltag als erwachsene Person bereits tun.

Die Gefühle, die wir erfahren haben, sind in uns. Sie sind immer da, bis wir sie transformiert haben. Man kann sich vorstellen, dass sich unser Leben sehr erleichtert, wenn wir diese Gefühle loslassen dürfen.

Die Prägungen können wir ganz bewusst verändern, wenn uns erst mal bewusst geworden ist, was wir bisher als `normal´ oder als `Fehler´ hingenommen haben. Wir können eben nur verändern, was wir als unser Eigenes/ Übernommenes angenommen haben und richtig annehmen. Wir vergeben unseren Eltern, da sie es nicht besser wussten und wir vergeben uns selbst, da wir ebenso nicht `schuldig´ sind. Ob wir nun Schmerzabgabe erfahren haben und diesen weitergeben. Ob wir Opferbewusstsein als Rolle übernommen haben oder Täterspiel. Ob wir manipulativ sind oder nicht. Wir können uns jetzt erneut beobachten, wo wir das eine oder andere Muster ausleben und wir können uns jetzt entscheiden, ob wir es noch brauchen, ob wir es an unsere Kinder weitergeben oder nicht. Natürlich sind manche Prägungen sehr stark vorhanden, aber wir können mit der Zeit unser Handeln immer weiter korrigieren, bis uns auffällt, dass die Prägung verschwunden ist. Dasselbe was wir mit unseren Gefühlen und Glaubenssätzen machen, können wir auch hier. Umso besser wir in der Selbstbeobachtung sind, umso leichter können wir antrainiertes, übernommenes Verhalten ändern. Es ist wieder eine Entscheidung.

DIE MUTTER

Sie ist die Person, mit der wir in unserer Kindheit am meisten zu tun hatten.

Mit ihr waren wir neun Monate im Mutterleib aufs Innigste verbunden. Wir haben alles gefühlt, was sie fühlte. Wir haben sogar ihre Gedanken gefühlt und ihre Emotionen. Angst, Ärger oder Freude haben wir in dieser Zeit bereits kennen gelernt. Je nachdem wie sich unsere Mutter gefühlt hat, zuerst mit uns als Baby in ihrem Bauch, danach als Kleinkind und Kind, können wir ganz sicher sein, dass wir es mitbekommen haben.

Frau sein und somit auch das weibliche Prinzip, das da sind: Annehmen-können, Empfänglich-sein, Geschehen-lassen-können, Abwarten-können, Gefühle-zulassen-können, Mitgefühl haben und so weiter, sind in uns nicht richtig ausgebildet, wenn wir mit unserer Mutter und somit mit unserer eigenen Weiblichkeit – egal ob als Mann oder Frau – in einem Konflikt sind. Die Weiblichen Aspekte sind notwendig um ganz zu werden, um die Göttin in uns lebendig werden zu lassen.

Sich mit der Mutter und der weiblichen Ahnenreihe auszusöhnen, ist deshalb so wichtig, da wir die weibliche Kraft nicht (oder nur in geringem Ausmaß) für unser Leben nutzen können. Diese Weiblichkeit bildet die Basis auf die unser gesamtes Leben und Manifestieren aufbauen sollte.

Ich stelle dir hier nun (inspiriert von Robert Betz) folgende Fragen:
- War deine Mutter eine starke oder eine schwache Frau?
- Wenn sie stark war, wie hast du ihre Stärke empfunden? (Aggressive Wutanfälle sind keine Stärke!)
- Wie ist sie mit dir umgegangen?
- Wenn sie eine schwache Frau war, wie hat sie sich da verhalten?
- War sie vielleicht sogar eine leidende Mutter und Ehefrau?
- War sie leidend wegen deinem Vater oder wegen dir, euch Kindern?
- Was hat dieses Leid, diese Schwäche in dir ausgelöst? Hast du dir als Mädchen vielleicht geschworen, so möchte ich nie enden?
- Hast du als Sohn vielleicht versucht ihr zu helfen und ihr einiges abgenommen?
- Wolltest du ihr helfen oder hast du sie eher abgelehnt?
- Wenn du ihr helfen wolltest, wie hast du das gemacht?
- Hast du ihr den Schmerz abgenommen? (Kleine Kinder tun so etwas andauernd, da sie Angst haben die Mama könnte sterben.) Oder warst du besonders brav und angepasst?
- War sie eine kontrollierende, ängstliche Mutter?
- Hat sie dir kaum Luft zum Atmen gelassen und wie bist du damit umgegangen?

- Ist ihre Angst auf dich übergegangen oder hast du begonnen dich zu wehren, zu kämpfen, dich von ihrem Überbehüten zu befreien?
- Oder war deine Mutter vielleicht eine abwesende Mutter?
- War sie physisch oder psychisch abwesend? Musste sie oft weg gehen und wie hast du dich dabei gefühlt?
Oder war sie abwesend durch ihre Probleme zum Beispiel mit deinem Vater?
Fühltest du dich allein oder gar einsam? Oder war sie abwesend weil sie sich um deine Geschwister und um deinen Vater kümmerte?
Wie hast du dich hier gefühlt und was trägst du von diesen Erfahrungen heute noch mit dir herum?
- Fühlst du dich oft allein, so als müsstest du alles alleine machen?
- Fühlst du dich oft unsicher und ängstlich?
- Hast du das Gefühl, das Leben ist schwer?

Versuch herauszufinden, wie deine Mutter sich verhielt als du Kind warst und schau wie du dich heute verhältst. Als Mann hast du vielleicht eine Partnerin die deiner Mutter in gewisser Weise ähnlich ist? Wenn du Frau bist, was lebst du gleich wie deine Mutter, selbst wenn du das nie wolltest?

Was hast du als Kind an deiner Mutter abgelehnt und bist nun doch genauso? (Alles, was wir ablehnen, bekommen wir in vollem Umfang präsentiert.)

Nimm dir Zeit beim Recherchieren denn die Situationen und Erfahrungen deiner Kindheit haben die Blockaden aktiviert die wir jetzt auflösen dürfen.

Vor allem aber ist es ein spannendes Rätselraten warum wir wann wie reagieren und was wir an uns selbst oder unseren Kindern so gar nicht mögen. Umso besser wir in der Selbstbeobachtung bleiben, können wir das alte Verhalten ändern.

All das, was geschehen ist, hatte seinen Sinn und seine Berechtigung und wir brauchen niemanden zu verurteilen. Vielmehr geht es darum, Frieden zu schließen mit unseren Müttern, ihnen und uns selbst zu vergeben und all die Situationen zu klären in dem Bewusstsein, dass sie ihr Bestes getan hat, dass sie es nicht besser wusste und wissen konnte. Vergib in weiterer Folge dir selbst alles, was du dir im Zusammenhang mit deiner Mutter angetan hast.

DER VATER

Mit dem Vater sind wir nicht so verbunden, wie mit unserer Mutter. Dennoch ist sein Einfluss groß, denn er zeigt sich besonders am Mangel in unserem Leben. Der Vater repräsentiert den Part, der uns als Kind eher gefehlt hat. Während die Mutter mit all ihren Überzeugungen, Erwartungen, Ängsten und Emotionen viel mehr um uns herum war, bleibt die Stütze der männlichen Seite meist aus. In den meisten Fällen war unser Vater nicht anwesend. Er war physisch oder emotional abwesend. Da der Vater seinerseits meist keine Anerkennung, Nähe und Liebe in seiner Kindheit erfahren hat, ist es ihm nicht möglich uns diese Gefühle zu zeigen. Der Wunsch nach Nähe, Liebe und Anerkennung durch den Vater bleibt bei den meisten Kindern als Gefühl der Leere zurück. Im Kind entsteht der Eindruck, dass der Vater nicht da ist, nicht greifbar ist. Somit fehlen auch oft die männlichen Aspekte wie Schutz und Sicherheit in unserem Leben. Die Befriedigung durch Anerkennung, Lob und Wertschätzung durch den Vater bleiben in unserem späteren Leben als ewiger Wunsch erhalten. Nicht selten versuchen wir die fehlende Liebe und Anerkennung bei unseren Partnern oder Chefs zu finden, was aber nicht gelingen kann.

Um deine eigene Beziehung mit dem Vater deiner Kindheit aufzuklären, stell dir nun folgende Fragen den Vater betreffend:
- War dein Vater eine schwache oder starke Person?
- War er ein autoritärer, strenger Mann und wenn ja, was hat das mit dir gemacht? Oder war er eher leidend und woran hat er gelitten?
- Was hat sein Leid bei dir ausgelöst?
- Wolltest du ihm helfen?
- War er vielleicht süchtig?
- Wie stehst du zum Thema Sucht?
- Was hast du an deinem Vater gemocht?
- Was hast du abgelehnt?
- Hast du dich besonders angestrengt, um seine Aufmerksamkeit zu erlangen?
- Warst du als Mädchen vielleicht seine Prinzessin?
- Hat deine Mutter oft über deinen Vater geschimpft?
- Welche Vorwürfe hast du mitbekommen?
- Welche Verhaltensmuster/Prägungen, ob
- Bub oder Mädchen, hast du von ihm übernommen?

Erst wenn wir erkennen, was wir alles von unseren Eltern mitbekommen, übernommen und abgeschaut haben, können wir uns bewusst entscheiden, ob wir diese Dinge in unserem Leben noch brauchen. Ob wir weiterhin dem beruflichen Erfolg nachlaufen wollen, um endlich die ersehnte Anerkennung für unsere Leistung zu erhalten. Oder genügt uns dann doch das, was uns eigentlich Freude macht im Leben? Man kann gut die Unfreiheit erkennen, in die wir verstrickt sind, wenn wir unsere Eltern-Kind-Beziehungen betrachten. Vieles wird uns auch nicht sofort bewusst werden, aber wir können weiterhin den Fokus darauf halten, wenn wir möchten.

WAHRE VERGEBUNG

Liegt in der Erkenntnis, dass es völlig in Ordnung ist, so wie es ist. Alles, was wir erleben und je erlebt haben, hat und hatte seine Richtigkeit. Unsere Seele, Höhere Intelligenz oder Hohes Selbst – wie auch immer wir es bezeichnen - hat sich die Erfahrungen genau so gewählt, um was zu lernen? Dass wir wertvoll und wunderbar sind, in Frieden und in Liebe sein können auch mit diesem Versager in uns. Er ist nicht da, damit wir ihn vernichten. Du kannst den Versager auch nicht `wegdenken´. Er ist ein Teil von uns. Wir können nicht Teile von uns vernichten, ohne uns damit selbst zu schaden. Unser Versager ist genauso liebenswert, wie all unsere Schattenanteile. Er ist nicht böse, noch ist er gut. Dem Versager in uns zu vergeben und somit uns selbst zu vergeben, bedeutet auch das Loslassen von allen Wünschen, Zielen und Erwartungen, etwas erreichen zu müssen.

Wir vergeben uns selbst bedeutet, dass wir unsere Seele um Verzeihung bitten, für die Gedanken und Gefühle, die wir in diesem Leben uns selbst gegenüber hervorgebracht haben.

**Vergib dir und dem Versager in dir,
indem du erkennst,
dass du dir diese Erfahrung auf einer höheren
Ebene selbst gewählt hast.**

Vergib dem Versager in dir, dass er dir anscheinend deine Wünsche verweigert.
Vergib deinem Versagerbewusstsein in dir und erkenne,
dass die Lektion das Bejahen, das Annehmen deines Versagers ist.

Erst wenn du das mit offenem Herzen kannst und nicht mehr an eine positive Wendung deiner Lebenssituation denkst, sondern den Ist-Zustand ehrlich Sein-lassen kannst, dann hast du den Versager in dir tatsächlich angenommen und wahre Vergebung praktiziert. Liebe dich mit deinem Versager in deinem Herzen. Du als Seele hast dir diese Erfahrung ausgesucht. Ohne ihn hättest du nicht begonnen, deine Überzeugungen, deine Gefühle, deine Abhängigkeiten von Mutter- Vater- Einflüssen anzusehen. Du hast den Weg der Selbstliebe kennen gelernt. Nichts auf dieser Welt ist wichtig, außer den Frieden mit dir selbst. Du bist dein Universum. Du bist das Zentrum, um das sich alles dreht. Du bist die Heilung. Heilung bedeutet `ganz werden´. Ganz werden bedeutet, dass du jeden Teil von dir bedingungslos liebst, ohne Ausnahme. Wahre Vergebung ist somit die Erkenntnis, dass du alles richtig gemacht hast. Dass nichts falsch ist, was passiert. Und es gibt keine Fehler.

Nochmals, wir sind nicht dieser Versager. Er gehört als Teil zu uns. Wir sind in diese Situation gekommen, damit wir auf dem Weg der Selbstliebe erkennen, dass wir und unser Versager okay sind. Unser Wunsch nach Anerkennung, nach Selbstwert und Liebe endet hier. Mein Versager ist mein Begleiter.

Auszug aus dem Tagebuch:

Ich habe alle Wünsche und Vorstellungen losgelassen, die mein Leben verschönern sollten. Ich wünsche mir nur mehr Frieden mit mir selbst. Mein Versager und ich sind Freunde geworden. Ich trau mich sogar sagen: Ich liebe ihn. Ich muss ehrlich lachen, wenn ich daran denke, wie sehr ich ihn weghaben wollte. Er passte für mich so gar nicht in meine perfekte Welt! Niemand will versagen, jeder möchte erfolgreich sein. Ich wollte mich unbedingt aus ihm heraus entwickeln, wollte ihn lieber abschütteln und hab schließlich all meine Gefühle des Versagens, des `ich schaff es nicht, ich hab es nicht geschafft´ angenommen. Jetzt fühle ich eine angenehme Gleichgültigkeit. Eine Ruhe und großes Vertrauen. Mein Erfolg ist nicht mehr wichtig und zugleich weiß ich, dass ich alles erreichen kann.

Ich möchte hier kurz auf eine für mich sehr wirkungsvolle Methode von Colin C. Tipping (aus dem Buch `Radikale Vergebung´) verweisen, wie man noch Vergebung praktizieren kann.

Dazu schreibst du als Opfer (oder auch als Täter, aber ich gehe hier von der Opferthematik aus) einer bestimmten Situation, oder deiner Lebensumstände drei Briefe. Du kannst diese Briefe an dich selbst richten oder an die Personen, Gruppen, Institutionen, die den Schmerz und das Leid in dir ausgelöst haben. Ich habe dieses Vergebungsritual schon mehrere Male angewandt und bin von seiner Wirkung überzeugt. Aber probiere es einfach selbst aus.

Du schreibst den ersten Brief aus deiner totalen Bewertung heraus. Du verurteilst und bewertest hier ganz bewusst und lässt deinen Zorn, deinen Schmerz und was auch immer für Emotionen in dir sind, aus dir heraus fließen. Du darfst jetzt kritisch, gemein und vorwurfsvoll sein.

Am nächsten Tag schreibst du einen weiteren Brief. Jetzt schreibst du an dieselbe Person, Gruppe, Institution (oder an dich selbst) aus deinem Herzzentrum. Du aktivierst nun deinen mitfühlenden Part in dir – auch wenn es dir schwer fallen sollte – und bemühst dich ehrlich Verständnis und Mitgefühl aufzubringen. In diesem Brief bist du aber noch nicht bereit zu vergeben.

Am dritten Tag schreibst du den dritten Brief so als könntest du von oben auf die Dinge schauen und mit dem Wissen, dass alles Teil eines göttlichen Plans ist. Du beschreibst, wie es dir gelungen ist, die ganze Angelegenheit in einem anderen Licht zu betrachten. Es musste aus einem bestimmten Grund so kommen. Dieser Grund ist deine spirituelle Entwicklung. Auch hier darfst du übertreiben und so schreiben, als ob du davon überzeugt wärst.

Dieses Vergebungsritual funktioniert deshalb, weil dein Überbewusstsein (oder spirituelle Intelligenz) all das Geschriebene verstehen wird. Es funktioniert wie eine Klärung und Lösung in höherer Instanz. Schicke keinen der Briefe ab. Am besten du vernichtest alle drei Briefe, nachdem du den letzten geschrieben hast.

Auszug aus dem Tagebuch:

Ich gebe jetzt die Vorstellung und Erwartungshaltung erfolgreich sein zu müssen an meine Mutter, meinen Vater der Kindheit zurück.

Mutter/Vater, ich bin so wie ich bin vollkommen und wertvoll. Ich muss dir und mir nichts beweisen. Ich bin perfekt.

Mein liebes Kind in mir! Lass das Bedürfnis nach Erfolg los. Es gibt nichts, womit du dich aufwerten müsstest. Du bist schon vollkommen.

Liebe Inkarnation, liebes Ego! Du darfst dich in dieser Situation so lieben, wie du bist. Liebe dich und befreie dich von jedem Zwang etwas anderes, besser oder besonders sein zu wollen.

Mein Wunsch, erfolgreich zu sein oder meiner Berufung nachzugehen, entsteht nicht nur aus der Herzensstimme in mir. Ja, ich liebe meine Arbeit. Wenn ich arbeite, fühle ich mich vollkommen. Ich fühle mich erfüllt und voller Freude.

Das genaue Gegenteil passiert mit mir, wenn ich nicht arbeiten kann. Dann werde ich unruhig, schwermütig. Ich erkenne, dass ich mich ohne meine Arbeit total wertlos fühle. Mein Ego möchte diese Wertlosigkeit und Bedürftigkeit nicht, daher gibt es in meinem Leben immer diesen Kampf im

Außen um Erfolg zu haben. Aber meine Wertlosigkeit ist immer noch da. Sie verschwindet nicht so einfach. Ich lebe in einer ständigen Bedürftigkeit nach einem Zustand, der mich voll und erfüllt werden lässt. Diese Bedürftigkeit lässt unweigerlich einen Mangel entstehen. Und dieser Mangel verstärkt sich – diese Energie des Mangels, die ich hier erschaffe, kreiert schließlich meine Realität. Ich weiß, ich darf mich wertvoll fühlen, auch wenn ich einfach nur bin. Die Prägung, ich dürfte mich erst wertvoll und in der Fülle fühlen, wenn ich erfolgreich meinen Beruf ausübe, hat ihre Wirkung. Ich weiß, ich darf mich wertvoll fühlen, egal was ich im Außen tue, nicht tue oder getan habe. Jeder Einzelne, jede und jeder ist vollkommen wertvoll, weil wir Gott und Göttin sind. Wir sind die Göttlichkeit in Person. Jede/jeder Einzelne von uns, egal ob er/sie auf der Straße lebt oder in der obersten Chefetage ist ein einzigartiger, göttlicher Ausdruck des Lebens. In dieses Bewusstsein darf ich jetzt finden. Ich darf mich lieben und wertschätzen in meiner Einfachheit und doch die Größe und Kraft wahrnehmen, die hinter dieser Einfachheit verborgen ist. Ich darf meinen Wert und mein Licht genau jetzt, in diesem einfachen Sein, erleben. Ich darf die Bedürftigkeit, meinen Wert durch die Arbeit zu erreichen, endgültig loslassen. Der Mangel löst sich auf. Die bedürftigen Gedanken verschwinden aus meinem Kopf. Die Zeit scheint still zu stehen. Alles ist jetzt. Ich bin frei und vollkommen.

Ich habe mir diese Situation erschaffen, um erkennen zu können, dass ich hier einem Bedürfnis nach Erfüllung nachlaufe, das mir nie die Erfüllung bringen wird. Es ist wie mit allem. Die wahre Fülle, der Reichtum, ist ein Gefühl, das ich in mir finde, aber nie wirklich durch einen Zustand im Außen erreicht werden kann. Das Bewusstsein voll Wert, Fülle und Reichtum liegt in mir. Ich lasse jetzt alles los, das mir einen Wert – meinen Selbstwert – vorgaukelt. Ich habe keine Angst dabei etwas zu verlieren. Es gibt nichts zu verlieren. Ich kann nur gewinnen. Ich bin, das ich bin. Ich bin das ewige Sein. Nicht mehr und nicht weniger.

Ich rücke in den Kreis der Gewinner vor, ohne den Zwang
unbedingt erfolgreich sein zu müssen,
um meinen Selbstwert anzuheben.

Ich rücke in den Kreis der Gewinner vor und verzichte auf den Zwang,
mich beweisen zu müssen.

DEIN KÖRPER

Eine wichtige Sache sollten wir bei all diesen geistigen Dingen nie vergessen: das Leben hier auf der Erde mit all unseren Sinnen genießen. Auch mal faul sein und sich die Sonne auf den Bauch scheinen lassen. Auch das gehört zu einem erfolgreichen Leben. Mit allen Sinnen genießen – dazu brauchen wir einen Körper und den Wunsch, das Leben auf dieser Mutter Erde tatsächlich genießen zu können. Ich behaupte, die wenigsten Menschen können ihr Leben genießen. Wir genießen weder unseren Körper noch Sexualität. Gutes Essen und eine gute Flasche Wein schon eher. Aber der Genuss, den ich hier meine, hat mit einem richtig guten Körpergefühl zu tun.

Die bekannte amerikanische Buchautorin Louise L. Hay stellt sich jeden Tag vor den Spiegel, schaut sich in die Augen und sagt: `Louise, du bist wunderbar, ich liebe dich´ und jede Körperzelle wird mit dieser Information gefüttert. *

Das Ergebnis ist jugendliches Aussehen, Power und strahlende Augen.

---

*aus dem Buch von Louise L. Hay, `Gesundheit für Körper & Seele´, S.167

Unser Körper besteht zu etwa 75 Prozent aus Wasser. Wasser lässt sich programmieren. Das wurde wissenschaftlich bereits bewiesen.

Nun läuft jeder chemische Prozess in unseren Körpern in einem wässrigen Milieu ab. Unsere Gedanken beeinflussen, so wie auf Masaru Emotos Wasserkristallbildern zu sehen, über die Körperflüssigkeiten unser gesamtes System. Das ist für viele nichts Neues. Aber sind wir uns bewusst, was das für eine Auswirkung hat? Wir kritisieren uns andauernd, der Bauch, der Po, die Haare, die Zähne, nichts passt uns zu Hundertprozent. Immer nörgeln wir herum. Dazu kommt das Genörgel, über unsere Vorstellung, wie wir sein müssten, es aber nicht sind. Und das zirka 60.000 Gedanken täglich.

Ich liebe meinen Körper und sage es ihm immer wieder, denn er ist ein so großartiges Geschenk. Ich selbst bin zu einem Großteil durch die Liebe und Achtung zu meinem Körper mehr und mehr in meine Selbstliebe gelangt. Meinen Körper zu achten und zu feiern mit Bewegung, mit Tanz, mit positiven Gedanken hat mir geholfen in ein liebevolles Bewusstsein für mich selbst zu kommen. Das muss nicht uns alle betreffen, ich meine damit nur, dass es sehr hilfreich ist. Natürlich gehören auch Lebensmittel dazu, die meinen Körper nicht vergiften, sondern unterstützen. Das heißt nicht, dass wir nur mehr Vegan, Rohkost oder Bio zu uns nehmen dürfen. Wenn wir unseren Körper zu schätzen beginnen, wie einen Schatz behandeln, werden wir uns automatisch gesund ernähren. Was wir dazu brauchen ist ein besseres Körperbewusstsein. Das kann man nicht lernen, das ist wieder mal eine Entscheidung. Mit sanftem Training, wie Yoga oder Pilates, mit Tai Chi, Chi Gong oder langsamen Laufen in der Natur kommen wir mit der Zeit in ein richtig gutes Körpergefühl. Auspowern um schlanker zu sein, ist hier nicht gemeint. Auch Massagen, sanftes Shiatsu und energetische Behandlungen helfen uns ein besseres Gefühl für unseren Körper zu entwickeln. Am besten von einem Therapeuten, der auch energetisch arbeitet, wodurch sich Spannungen im Körper viel leichter transformieren lassen. Unser Körper hat die Aufgabe seelische Blockaden in uns bemerkbar zu machen. Er muss den seelischen Ballast tragen und ausgleichen. Er muss uns gelegentlich mit körperlichen Beschwerden aufrütteln. Wir sollten besonders liebevoll mit ihm sein, wenn uns eine Krankheit als Hinweis gezeigt wird. Ob er sich von Blockaden reinigt, ob er seelische Spannungen ausgleicht, ob er uns eine Krankheit aufzeigt, damit wir zu fragen beginnen: `Was will mir das sagen?´

Unser Körper hat ein Bewusstsein, er trägt auch viele Erinnerungen in sich. Wenn wir beginnen, mit unserem Körper genauso liebevoll umzugehen, wie mit unserem Inneren Kind, können wir unser gesamtes Wohlbefinden positiv beeinflussen. Unser Aussehen würde sich positiv verändern, genauso unsere Ausstrahlung. Wir verwenden hochwertige Hilfsmittel, die unseren Körper noch mehr unterstützen. Denn was hilft es mit unseren Gedanken und Gefühlen zu arbeiten, wenn wir unseren Körper weiterhin vernachlässigen?

Viele Menschen werfen das Argument ein: `Das ist mir zu teuer.´ Mal ehrlich – wir geben so viel Geld für sinnlose Dinge aus. Wenn wir es uns wert sind, denken wir nicht mehr darüber nach, ob etwas zu teuer für uns ist. Wir nehmen es uns, weil es uns gut tut. Nur mit Selbstliebe und Selbstwert kommen wir in unsere wahre Fülle – Liebe, Friede und Harmonie mit uns selbst empfinden zu können, unabhängig von allem sein, was wiederum die Fülle im Außen hervorbringt. Das betrifft genauso unseren Körper. Dann fällt es auch nicht schwer das Leben zu genießen. Oft kommt auch der Einwand: `Dafür hab ich keine Zeit´. Das stimmt nicht. Wenn wir aufhören, uns mit Dingen abzulenken, wenn wir aufhören, uns für andere zu verausgaben, dann haben wir genug Zeit das Leben und unseren Körper zu genießen. Ich kann alles mit Druck und Stress machen, oder entspannt und mit Genuss. Probiert es aus, das geht. Wenn ich etwas tun muss, das mich absolut nicht freut, dann kann ich einen Weg finden, damit es mich freut. Dein Körper wird aufatmen, wenn du endlich den Druck und Stress herausnimmst. Für manche Menschen ist das schwer vorstellbar, da sie ihr gesamtes Leben in dieser Energie verbracht haben. Das heißt aber nicht, dass man sich hier nicht auch um trainieren kann. Jeder Burnout Patient weiß das.

Teil 4

URVERTRAUEN

Wenn ein Baby oder Kleinkind nach seiner Mutter schreit, die Mutter aber nicht kommt. Es schreit weiter; keine Mutter, kein Vater kommen, bis es irgendwann aufhört zu schreien – in diesen Minuten muss es zwangsläufig annehmen: ich bin allein.

Wir kommen zur Welt mit dem Gefühl der Verbundenheit und des absoluten Urvertrauens. Dieses Vertrauen ist der eigentliche Grund dafür, dass uns alle Bedürfnisse erfüllt werden. Doch schon sehr bald in dieser Welt angekommen, werden wir mit der Tatsache konfrontiert, dass unsere Bedürfnisse nicht so ohne weiteres erfüllt werden. Diese Erfahrung verursacht mit jeder Situation den stetigen Verlust unseres Urvertrauens, denn Mutter und Vater sind die Personen, von denen wir in den ersten Monaten und Lebensjahren am meisten abhängig sind. Wenn sie es nicht schaffen unser Vertrauen aufrecht zu erhalten, wer soll es dann tun? Wie sollen wir dann dem Leben vertrauen lernen?

Wie bereits genau geschildert, gibt es in uns viele innere Konflikte, Abhängigkeiten und Ablehnung mit den Bezugspersonen unserer Kindheit. Diese Konflikte trennen uns von der weiblichen und von der männlichen Kraft, da wir energetisch mit unseren Eltern verbunden sind und die weibliche beziehungsweise männliche Kraft auch durch unsere Eltern weitergegeben wird. Diese Konflikte haben daher sehr viel mit dem daraus entstehenden Mangel an Urvertrauen zu tun.

Ein großer Lernschritt unserer Seele ist das Wiedererlangen dieses verlorenen Urvertrauens. Aber was bedeutet dieses Wort überhaupt?

Urvertrauen lehrt uns Ruhe und Gelassenheit darüber, dass uns das Leben alles zur Verfügung stellt was wir brauchen. Urvertrauen ist die Gewissheit, dass wir immer versorgt sind. Wir fühlen uns aufgehoben, geschützt und geborgen. Es ist ein Wissen, dass uns nichts geschehen kann und dass alles seine Richtigkeit hat. Nur unser Zweifel und unser Misstrauen schneiden uns vom Urvertrauen ab. Also suchen wir im Leben immer nach Sicherheiten. Aus den Sicherheiten entstehen Abhängigkeiten und totale Unfreiheit. Wir Menschen klammern uns an alles Mögliche, das uns anscheinend Sicherheit gibt. Das Interessante dabei ist, dass wir oft durch den Wegfall der Sicherheiten erkennen dürfen, dass wir trotzdem `überleben können´. Sind wir in der Energie des Urvertrauens, bekommen wir nach dem Gesetz der Resonanz, alles zur Verfügung gestellt. Wie können wir nun in das Urvertrauen zurückfinden, das eigentlich ein Teil von uns ist?

Echte Sicherheit und Geborgenheit finden wir zuerst über die Liebe zu uns selbst. Je mehr wir uns selbst mit all unseren Facetten lieben können, desto selbstsicherer werden wir, desto größer ist die Geborgenheit mit uns. Das Urvertrauen gewinnen wir vor allem durch die Lösung der inneren Konflikte mit der Mutter und dem Vater unserer Kindheit zurück. Warum? Weil wir durch die Ablehnung eines Elternteils auch den weiblichen oder männlichen Teil in uns ablehnen. Allein schon daraus entsteht ein Konflikt, der uns von der Kraft und dem Vertrauen uns selbst gegenüber abschneidet. Auch gewinnen wir das Urvertrauen zurück durch Situationen in unserem Leben, die uns Mut abverlangen, die in uns Ängste auslösen und wir durch die Angst bewusst durchgehen. Und siehe da, es funktioniert. Durch diese bewussten Handlungen kommen wir mehr und mehr in das Vertrauen uns selbst und dem Leben gegenüber zurück. Für mich bildet das zurück gewonnene Urvertrauen die Basis für ein Leben in Leichtigkeit. Darauf aufbauend oder damit einhergehend entdecken wir Selbstvertrauen durch den Weg der Selbstliebe. Die Selbstliebe und den Selbstwert entwickeln wir durch unsere bewusste

Auseinandersetzung mit uns selbst, wodurch wir zuletzt in den Frieden und somit in unsere Freiheit gelangen. Das alles ergibt die wahre Fülle des Lebens. Urvertrauen, Geborgenheit, Sicherheit, Selbstliebe, Glaubenskraft - diese hier genannten Qualitäten – wie bereits weiter oben erwähnt - sind einige von vielen weiblichen Qualitäten, die wir in uns wieder beleben dürfen und sie bilden die Basis, die Voraussetzung für ein gelingendes Leben in Leichtigkeit.

Die männlichen Qualitäten wie Inspiration, Führung, Vision und dergleichen können dann klar und deutlich durch unsere Weiblichkeit empfangen werden. Sie werden empfangen, wachsen heran und werden zum richtigen Zeitpunkt geboren.

GLAUBENSKRAFT

Die Glaubenskraft ist der Treibstoff für meinen Motor, der meine Visionen vorantreibt. Das geht in etwa so:

Meine göttliche Führung schickt mir eine Idee, einen Impuls, den ich im besten Fall klar empfangen kann. Meine Herzensstimme sagt: `Au ja! Das möchte ich erlebe´! Im Magenbereich zieht sich eventuell vorerst alles zusammen denn hier zeigen sich meine Ängste, die Veränderungen oder Herausforderungen fürchten. Aber ich höre auf mein Herz und lasse mich nicht beirren, denn meine Basis – das Urvertrauen und mein Selbstvertrauen – habe ich durch den Weg der Selbstliebe und die Selbsterkenntnis bereits gut ausgebaut. Daher gebe ich meiner Herzensstimme meine Zustimmung und beginne von diesem Moment an, an meine empfangene Vision voll und ganz zu glauben. Die Glaubenskraft ist die treibende Kraft. Sie ist eine starke Energie, wenn wir es schaffen, unseren Zweifeln und Ängsten keine Macht mehr über uns zu geben, indem wir einfach unseren Herzen vertrauen. Wir vertrauen unseren Herzen und schon kommen die Dinge in Bewegung - zum Teil durch uns zum Teil ganz von allein und es geht alles sehr einfach. Es fühlt sich gut an. Es fühlt sich richtig an. Wir folgen einfach jedem neuen Impuls der sich offenbart. Das ist dann der Moment, wo wir uns sicher sein können, dass es stimmt. Das geht bei kleinen Visionen genauso gut, wie bei großen Abenteuern. Durch diese Erfahrungen wächst auch unsere Glaubenskraft. Es ist nicht wichtig, ob die Vision etwas länger auf sich warten lässt. Der Glaube an meine Vision ist so stark, dass auch dann keine Zweifel aufkommen, wenn das Endergebnis noch nicht in Reichweite ist. Und mit der Glaubenskraft kommt eine Freude in uns auf, so als ob wir unser Ziel bereits erreicht haben.

Ich hatte eine sehr gute Lehrerin für Glaubenskraft. Wenn man mit Pferden arbeitet, kann man sehr viel über sich selbst lernen. Ich habe gelernt, wie man sich ihren Respekt und ihr Vertrauen verschafft und bin durch meine Trainerin auf etwas sehr Spannendes gestoßen: manches mal hat mein Trainingspferd einfach nicht reagiert. Wir haben Bodenübungen gemacht und das Pferd reagiert normal auf die Körperhaltung, auf kleine Bewegungen und auf meine Energie. Auch als ich von Außen betrachtet alles richtig gemacht habe, hat sich das Pferd nicht angesprochen gefühlt. `Wenn du nicht daran glaubst, dass es funktioniert, dann wird es auch nicht funktionieren!´ waren die Worte meiner Trainerin. Und genauso war es. konnte in dem Moment nicht daran glauben, also passierte gar nichts. So einfach ist das. Dann, mit der Vorstellung und dem Glauben daran, war es ein Leichtes. Unsere Visionen können sich nicht erfüllen, wenn wir nicht wirklich oder nur halbherzig davon überzeugt sind. Wenn wir immer wieder unsere Zweifel hinten anhängen wie schwere Bleikugeln. Warum bleiben wir nicht dabei unseren Herzen zu vertrauen, sie betrügen uns nicht.

EMPFÄNGLICHKEIT

Die Empfänglichkeit ist die Gebärmutter für unsere erwünschten Manifestationen und unsere Wunschverwirklichung. Wir werden empfänglicher, wenn wir unsere weiblichen Aspekte zu leben beginnen. Es ist daher nicht verwunderlich, dass diese Qualität dem Sacralchakra zugeordnet ist, denn dort befinden sich auch unsere Geschlechtsorgane. Es ist unabhängig, ob wir Mann oder Frau sind, die Energie der Empfänglichkeit dürfen wir alle in uns entwickeln. Im optimalen Fall sieht das so aus:

Unsere göttliche Führung schickt uns über unser Scheitelchakra und Stirnchakra Impulse und Visionen für unser Leben. Diese Impulse werden im optimalen Fall von der gebärenden, weiblichen Qualität der Empfänglichkeit in uns empfangen und beginnen zu wachsen und zu gedeihen. Dazu kommt die Glaubenskraft, dass ich meinen göttlichen Impulsen und Visionen, fühlbar durch die Stimme meines Herzens, vollkommen vertrauen kann. Die Glaubenskraft ist also die Kraft, welche die Manifestation vorantreibt und nährt. Die Glaubenskraft ist der Glaube, dass meine göttliche Führung mir nur die Impulse gibt, die zu meinem Lebensweg gehören und es außer Zweifel steht, dass sich meine Herzensstimme irren könnte. Die Glaubenskraft ist die Kraft, die alle Zweifel aus dem Weg räumt. Ist der richtige Zeitpunkt gekommen, kann unsere Vision in die Wirklichkeit kommen. In der Zwischenzeit sind wir im Hier und Jetzt. Wir sind einfach. Wir sind nicht im Tun, wir sind dann im Sein. Die Zyklen von Tun und Sein müssen sich abwechseln. Das Leben ist Ein- und Ausatmen. Im Jetzt sein. Gelassen sein. Geduldig sein. Zuerst gehst du deinen Impulsen nach, bist im Tun. Dann gehst du in die Glaubenskraft, bist im Sein. Du lässt geschehen. So kommen Gott und Göttin – die weibliche und der männliche Teil in uns – in eine Harmonie, wenn wir sie lassen.

Die Erfüllung unserer Herzenswünsche hat also sehr viel mit dem gebärenden Aspekt der Weiblichkeit zu tun. Vertrauen, Glaubenskraft und Geduld gehören ebenfalls zu den weiblichen Qualitäten in uns.

Meine Empfänglichkeit kann ich durch die Heilung meiner Blockaden entwickeln. Diese Blockaden sitzen im Bereich der unteren Chakren also Basis-, Sakral- und Magenchakra mit den Themen:

Urvertrauen, Sicherheit, Selbstwert, Inneres Kind, Selbstliebe, Vergebung, Friede und Harmonie.

Die Blockaden zu diesen Chakren sind Mangel an Urvertrauen, Unsicherheit, Ängste, Gefühle der Minderwertigkeit, Schuld- und Schamgefühle, Selbstverurteilung, Selbstablehnung, Selbsthass bis zur Selbstzerstörung. Wenn wir diesen Zusammenhang von Blockaden und Wunschverwirklichung begreifen können, ist es einfach zu verstehen, aus welchem Grund wir immer wieder `Fehlgeburten´ erzeugen. Nichts und niemand verweigert uns unsere Visionen. Was sich noch nicht erfüllen kann, wird durch unsere Blockaden verhindert.

Geh den Weg der Selbstliebe, geh hinein in die blockierenden Gefühle.
Lass sie zu und entwickle deine Empfänglichkeit,
die Gebärmutter für deine Wunschverwirklichung.
Empfange die göttlichen Impulse und entwickle die Qualität der Glaubenskraft
durch das Wissen, dass sich deine Wahrheit manifestieren möchte.
Du bist das göttliche Wesen,
das all die Fülle
in dein Leben bringen möchte.
Lass dich ein auf die Arbeit mit deinen Blockaden.

MACHT

Ich habe mich in der Vergangenheit lange gefragt, wie das geht, in der eigenen Macht zu leben? Macht hat bei sehr vielen Menschen diesen bitteren Beigeschmack. Bei dem Wort Macht denkt man selten an etwas Positives. Man denkt eher an Machtmissbrauch und an die Mächtigen, welche die Fäden in Händen halten. Dieser Ausdruck von Macht und Machtspiele sind hier nicht gemeint. Wir suchen den Aspekt der Macht, der in uns steckt. Wir suchen nach der Kraft und Macht unser Leben zu leben, ein selbst bestimmtes Leben. Denn Tatsache ist, dass wir in unserem Leben unsere Macht und Kraft meist nicht in Anspruch nehmen. Wir haben sie abgegeben. Wir lassen uns von so vielen Dingen beeinflussen, stecken in Abhängigkeiten, die uns daran hindern in die Selbstermächtigung zu kommen. Es gibt Menschen, die uns beeinflussen, aber nur weil wir es zulassen. Wir bewundern diese Menschen und vergessen dabei, dass wir selbst ein Wunder sind. Wir geben ihnen Macht über uns. Ich bin mir sicher, dass du diese Menschen in deinem Leben entdecken wirst, wenn du deine Beziehungen unter die Lupe nimmst. Natürlich sind diese Abhängigkeiten auch Teil unseres Lernprogramms. Erst wenn wir uns bewusst in unsere Unabhängigkeit entwickelt haben, finden wir die Macht und Kraft in uns. Das ist der positive Aspekt der Macht. Wir verstärken diese

Macht, wenn wir uns bewusst machen, dass wir unser Leben erschaffen und jede Sekunde in diesem Bewusstsein sind. Und zuletzt entdecken wir unsere Talente, finden unsere Einzigartigkeit und Göttlichkeit und lernen diese zu achten, sie dankbar zu zelebrieren, was unsere Macht und Kraft auf ihren Höhepunkt bringt. Denn du bist dein Universum, du bist dein Gefühl, dein Ausdruck, einzigartig. In dieses Licht dürfen wir alle finden.

Natürlich sind wir mächtige Wesen. Wir erschaffen uns unser Leben durch unsere Schöpferkraft, auch wenn uns das meist nicht bewusst ist. Wir haben die Macht unser Leben zu erschaffen, wir haben die Macht unser Leben selbst zu bestimmen. Selbstermächtigung hat damit zu tun, den eigenen Wert zu fühlen, uns selbst als großartige, talentierte Geschöpfe sehen lernen - nur durch unsere Blockaden fühlen wir uns wertlos, minderwertig und klein. Selbstermächtigung hat damit zu tun, unabhängig zu werden von der Meinung anderer. Den eigenen Wert erkennen. Dann sind wir nicht mehr Fremdbestimmt. Wir geben unsere Macht ab, weil wir uns von unseren Ängsten niederdrücken lassen. Unseren Ängsten Macht über uns zu geben ist ganz einfach dumm, denn so kommen wir nie in das Gefühl von Macht und Kraft in uns. Wenn wir unseren Ängsten Macht über uns geben, kommen wir nie heraus aus dem Hamsterrad. Ängste lösen sich nur auf, wenn wir bewusst durch die Angst hindurch gehen, bereit sind, sie zu fühlen und nicht mehr in dieser Erstarrung (oder dem Hamsterrad) bleiben. Angst gehört zu unserem Leben. Sie wird nicht einfach so verschwinden. Aber wir können die Macht über unsere Angst gewinnen. Blockierte Veränderungen, Geldprobleme, all das, was uns aus Angst in der Erstarrung und Unbeweglichkeit hält, können wir in Bewegung bringen, indem wir der Angst keine Macht mehr geben über uns. So lernen wir machtvoll mit unseren Ängsten zu leben. Wir haben viel zu viel Angst vor der Angst. Die Angst ist nur eine Emotion, sie ist definitiv nicht die Realität selbst. Wollen wir von Herzen gern unser Leben verändern, hält uns meistens nur die Angst vor dies und jenem davon ab. Das ist schade, denn wir haben uns so viele Talente ins Leben mitgenommen und lassen sie durch unsere Ängste brach liegen.

Wie kommst du also - nochmals zusammengefasst - in deine Macht?
- Bleibe in dem Bewusstsein, dass du dir dein Leben erschaffst.
- Finde jede Form von Abhängigkeit, wo du deine Macht abgibst. Dies können Menschen oder auch Dinge sein. Sobald du diese Abhängigkeiten aufgelöst hast, gewinnst du enorm an Selbstermächtigung.
- Erkenne die Überzeugungen und Gefühle deiner Blockaden als das, was sie tatsächlich sind und gib ihnen keine Macht mehr über dich.
- Finde dein Potential, dein Licht, deinen Weg in dir, lebe nach deinem Gefühl, nach deiner Wahrheit und glaub daran. Gib bestimmten Menschen, die einen

großen Einfluss auf dich haben, keine Macht mehr über dich. Du hast alles in dir. Wenn du dich darauf einlässt, fühlst du das auch.

Die eigene Macht zu leben ist ein individueller Schöpfungsprozess. Du erschaffst aus deinem einzigartigen kreativ-schöpferischen Akt. Du siehst deine Größe, fühlst deine Kraft, deine Einzigartigkeit, deine Schönheit. Du selbst wirst zur Macht, die dein kreatives Leben erschafft.

SPIRITUALITÄT

Ich möchte hier mein Verständnis darstellen, was Spiritualität für mich bedeutet. Ich bin der Meinung, dass jeder selbst in sich hineingehen sollte, um nachzufühlen, was dieses Wort für jeden individuell heißt.

Meine Seele möchte sich entwickeln. Sie möchte sich befreien von allen Blockaden, die sie von der Liebe trennen – von der Liebe zu mir selbst. Sie möchte sich zu dem entwickeln – und zwar hier und jetzt als Mensch – was sie tatsächlich ist: eine mächtige Kraft, eine unbeschreibbare Macht in Form von Licht und Liebe.

Es ist uns nicht bewusst, was wir für eine Kraft und Macht haben. Ich durfte diese Kraft fühlen. Es ist ein Gefühl, als könnte mir nichts und niemand etwas anhaben, als wäre ich ein gewaltiger Riese gepaart mit Liebe und Mitgefühl. Unsere Seele entscheidet, welche Lernerfahrung ansteht. Unsere Seele zeigt uns unsere Themen auf, die wir zu bewältigen haben. Wenn wir step by step die Blockaden transformieren, fühlen wir das, was wir tatsächlich sind: Wesen voller Licht und Liebe. Es ist kein Märchen. Dieses Licht, das in allem existiert, das uns alle verbindet, ist das göttliche Licht. Dieses Licht und die Liebe der Göttlichkeit in uns zu sehen, zu fühlen und zu leben, ist der Weg der Spiritualität. Wie könnte Gott, als die Urquelle allen ´Seins´ jemals außerhalb von uns sein? Wie können wir nur glauben, dieses Licht wäre außerhalb von uns? Es wird Zeit zu verstehen, dass wir dieses göttliche Licht sind, jeder einzelne von uns. Ganz viele Menschen wissen das. Sie glauben auch daran, aber wer kann es wirklich fühlen? (Und Vorsicht, man kann auch sein Ego derart aufblasen, dass es sich so anfühlt, als wäre man Licht und Liebe.) Unsere Seelen haben sich mit Blockaden hierher begeben, um sich selbst erfahren zu können. Unsere Lebensdramen sind tatsächlich das Spiel unserer eigenen Göttlichkeit. Und dieses Licht in uns, diese Liebe, dieser Gott und die Göttin in uns sind derart mächtig, dass wir es uns kaum vorstellen können. Natürlich sind wir mächtig – wir erschaffen uns unsere Lebensdramen, erschaffen uns Mangel in jeder Form, Krankheiten und ärgerliche Lebenssituationen aus unseren Blockaden heraus.

Wir tragen den Gott und die Göttin in uns, wir sind Teil der Urquelle alles `Seins´. Der Gott ist dabei das Wissen, das wir in uns tragen oder als Input erhalten, die Göttin ist unser Gefühl. Man kann den Gott auch als die göttliche Eingebung bezeichnen, die zum göttlichen Gedanken wird wenn unser Verstand durch seine Konditionierung nicht den göttlichen Gedanken verhindert.

Man kann die Göttin in uns auch als göttliches Gefühl bezeichnen, das uns lehrt: es gibt kein gutes, kein schlechtes Gefühl in uns. Es gibt nur Gefühle, die ein Teil von uns sind. Es gibt Teile in uns die gewisse Gefühle ablehnen. Unsere Gefühle zuzulassen, bedeutet, die Göttin in uns zu leben. Spiritualität bedeutet also auch, den Gott und die Göttin in uns zu leben. Der göttliche Gedanke mit dem göttlichen Gefühl ergibt die göttliche Weisheit. Jeder Augenblick, den wir in Verbindung mit unserer göttlichen Weisheit entscheiden, ist unsere Wahrheit, ist unser Weg. Und das ist für jeden etwas anderes.

Spiritualität bedeutet auch, den Gott und die Göttin nicht nur in uns zu erkennen, sondern in jedem einzelnen von uns – egal für wie `gut´ oder `schlecht´ wir uns und andere bisher bewertet haben. Wir tragen alle diese Göttlichkeit in uns. Sie ist unsere wahre Natur. Wenn wir diese Göttlichkeit fühlen können, identifizieren wir uns nicht länger mit unseren Blockaden. Die Blockade ist das, was sich unsere Seele ins Leben mitgebracht hat um sich weiterentwickeln zu können. Wir sind nicht diese Blockade. Wir sind Gott und Göttin, jeder mit seinem sehr individuellen Ausdruck mit seinen eigenen Talenten und Fähigkeiten. Wir sind die Liebe. Dunkelheit bedeutet lediglich Abwesenheit von Licht und somit von Liebe. Unsere Aufgabe ist, das Licht und die Liebe in uns freizuschaufeln. Sie ist immer da. Wir brauchen uns nur aus den Verstrickungen mit unseren Blockaden herausheben und uns von einer höheren Perspektive aus zu betrachten. Spiritualität ist der Weg, aus unserer Göttlichkeit heraus leben zu können. Dann brauchen wir auch niemanden mehr verurteilen, wir sehen einfach die Abwesenheit von Licht. Ich wünsche mir dieses Licht und diese Liebe für alle Menschen fühlbar machen zu können. All die Egospiele, all unsere Schatten können uns dann nicht mehr dominieren. Jeder einzelne von uns, der diesen Weg für sich beginnt zu gehen, macht damit unsere Erde zu einem lichtvollen Ort.

Gehen wir nun noch einen Schritt weiter in dem Verständnis unser Selbst und des Lebens:
Wir sind das ewige Leben.
Wir sind das Alles-was-ist.
Wir sind das gesamte Universum. Wir sind das Eine, das Göttliche.
Verbinde dich nun bewusst mit deinem Hohen Selbst und erkenne:
Du bist *nicht* diese Inkarnation.
Du bist das ewige Sein.
Deine Inkarnation hat Zwänge, Prägungen, Ideale. Deine Inkarnation (du kannst es auch Ego nennen) ist gestresst von ihren Ängsten, Zwangsvorstellungen und ihrem idealisierten Selbstbild. Du, als dein Hohes Selbst, als dein wahres `Sein´ kannst deiner Inkarnation helfen. Jeder Druck und Zwang, den sich deine Inkarnation in ihrem Leben auferlegt hat, entsteht irgendwann in der Vergangenheit – meist in der Kindheit. Aber:

Du bist Gott und Göttin.
Du bist das vollkommene Sein
verbunden mit diesem
menschlichen Körper.

Löse dich von dem Gedanken DU hättest Ängste, DU fühltest dich minderwertig. Das göttliche SEIN, das du bist, kann sich niemals minderwertig fühlen, denn es ist vollkommen. Unvollkommen fühlt sich einzig deine Inkarnation und somit dein Ego. Dein Ego leidet den Schmerz der Minderwertigkeit. Lass es los.

Ich bin das Alles-was-ist.
Ich bin das ewige Sein.
Ich bin das gesamte Universum.
Ich bin das Eine, das Göttliche.
Ich bin das Unendliche.
Mich gibt es in millionenfachen Formen und Farben.
Mich gibt es in jeder erdenklichen Ausdruckskraft.
Das bin ich.

In diesem Leben spiele ich die Persona der/des……
Ich spiele diese Rolle mit jeder Zelle meines physischen Körpers.
Ich erfahre Emotionen, Gefühle, habe Überzeugungen, Werte, Zwänge,
die ich in diesem Leben erlernt habe.

Jetzt ist es an der Zeit, diese Persona als Spiel, als ein Abenteuer, zu durchschauen.

Auszug aus dem Tagebuch:

Die letzten Tage waren unangenehm für mich. Ich habe versucht bei mir zu bleiben, habe versucht mich zu spüren, aber trotz Meditation und in mich Hineinfühlen konnte ich kein Gefühl wahrnehmen. Es steigerte sich noch weil inzwischen die ganze Familie krank war und ich völlig ratlos und ohne Gefühl dazu immer nervöser wurde. Alles was ich wusste, alles was ich bereits anwenden konnte, war plötzlich wie weggewischt aus meinem Bewusstsein. Was war da los? Die ganze Situation machte mich immer aggressiver.

Dann, den Höhepunkt der totalen Schwere erreicht, bekam ich Hilfe von einer Kollegin. Wir redeten, ich bekam eine Behandlung und schon bei der Behandlung kamen die Erkenntnisse:

Krank sein und Jammern ist für mich eine große Schwäche und schwach sein habe ich mir im Laufe meines Heranwachsens verboten. Meine Eltern waren schwach und ich wollte nie schwach sein in meinem Leben.

Weiters wurde mir klar, dass ich mich und meine Familie nicht krank sehen wollte, denn krank sein bedeutet: der Körper zeigt mir Blockaden und ich müsste in meiner Bewusstheit doch schon soweit sein, dass ich meine Lernthemen ohne Krankheit meiner selbst und der Kinder erkennen müsste.

Durch diese Bewertung war es mir nicht möglich, mir selbst und meinem Partner mit Mitgefühl zu begegnen und unsere Situation einfach als das anzunehmen, was sie war. Das wiederum hatte die Folge mein Herz und Gefühl nicht mehr wahrnehmen zu können. Ich fühlte mich schwer, verwirrt und war aggressiv, da ich keine Zuordnung hatte.

Es ist ein Akt der Selbstliebe mir in einer solchen Situation, wo alles drunter und drüber zu gehen scheint, wo die Kinder anfangen durchzudrehen, wo der Partner für sein Verhalten verurteilt und abgelehnt wird, wo Streit und Aggression in der Luft hängen, um Hilfe zu bitten. Auch wenn ich glaube, schon alles zu wissen und alles zu erkennen, gibt es manchmal diese Momente, wo ich völlig neben mir stehe.

Inzwischen bin ich wieder ganz bei mir, verlier mich nicht mehr im Außen, verstehe, was passiert war. Ein gutes Gefühl wenn man wieder klar ist und sich spürt.

UMSETZUNG

Dankbarkeit, Wertschätzung, die eigene Fülle sehen, meine Talente wahrnehmen, den Reichtum erkennen in meinem Leben, alles was ich an mir entdecke, alle hinderlichen Gefühle in Liebe annehmen. Ich darf so sein, wie ich bin und jeder darf so sein, wie er ist. Jede Facette meines Seins lieben lernen = Transformation und Heilung.

1. Schöpferkraft erkennen

Du beginnst mit der einen Sache. Womit bist du in deinem Leben unzufrieden? Nimm diese eine Sache und mach dir jetzt bewusst, dass nur du allein der Schöpfer dieser einen und jeder Sache bist!

Es genügt leider nicht es zu wissen. Wir sollen es fühlen. Alle Überzeugungen, die mir vorgaukeln dies oder jenes wäre der Grund für mein Problem, gehören zuerst erkannt und als Illusion aufgedeckt.

Du allein erschaffst diese Situation.

Kein Geldmangel, kein Zeitmangel, kein Raumproblem, kein Qualitäts- oder Quantitätsproblem sind die Ursache. Das ist höchstens die Folge von unserem Schaffen. Wir allein machen uns diese Tatsache, dass sich unsere Visionen und Wünsche nicht erfüllen wollen. Fühlen wir es. Es ist unsere

Schöpfung. Decken wir alle Illusionen auf in diesem Zusammenhang. Was glauben wir tief in uns bezüglich dieser Sache?

Decke deine hinderlichen Muster auf
und
sei vollkommen ehrlich zu dir selbst!

Deine Überzeugungen lauten vielleicht unter anderem: das Wetter ist schuld, der Raum passt nicht, ich hab´ eh keine Zeit dafür, ich bin zu wenig qualifiziert, kein Kunde zahlt so viel Geld, die Zeit ist noch nicht reif, ich bin schon zu alt dafür, ich bin noch nicht so weit,.....

Doch du bist soweit! Du bist überreif!

Wir, unsere Überzeugungen, Ängste sowie Mangel an Vertrauen erschaffen diese Blockade. Und nun, wenn wir es als unsere Schöpfung fühlen, es tief in uns wissen, vergeben wir uns zuerst einmal selbst. Denn diese Erkenntnis könnte Bewertungen, Wut und sogar Hass uns selbst gegenüber hervorrufen.

Lass´ das nicht zu.
Bleib´ liebevoll und im Mitgefühl mit dir.
Vergib´ dir selbst all die hinderlichen Muster,
die in deinem
Innerem Kind stecken.
Sei´ dankbar für die Erkenntnis.

Wenn wir uns jetzt bewerten und ablehnen, entfernen wir uns erneut von der Liebe zu uns selbst und unserem Inneren Kind. Dies sind die

Herausforderungen, die das Leben an uns stellt, bevor sich unsere Herzenswünsche erfüllen können. Es ist okay.

Wir sind nicht weniger wichtig und weniger wertvoll, wenn wir unsere Visionen, Wünsche und Ziele noch nicht erreicht haben. Wir haben Frieden zu machen mit dieser Sache. Wir brauchen Frieden und Urvertrauen um unsere Herzenswünsche und Visionen in die Wirklichkeit zu bringen. Das alles gelingt uns mit Liebe, Liebe und nochmals Liebe zu uns selbst.

2. Überzeugungen umschreiben

Nachdem wir uns als Schöpfer dieser Situation identifiziert haben und uns unsere Blockaden vergeben haben, geht es jetzt ans Umwandeln unserer Glaubenssätze und Überzeugungen.

Übung:

Schreib´ auf einen Zettel, linke Seite, alle erdenklichen, hinderlichen Überzeugungen auf, die dir unterkommen. Das kann Tage oder Wochen dauern, in denen du in Selbstbeobachtung bist.

Auf der rechten Seite deines Zettels formulierst du die jeweilige Überzeugung um und verwandelst sie in eine unterstützende Form.

Halte dich ab sofort an die hilfreichen Überzeugungen, wenn die alten auftauchen sollten. Du kannst dich auch bei deiner alten Überzeugung bedanken und sie nun darauf verweisen, dass du sie jetzt nicht mehr brauchst. Ich persönlich habe begonnen, jede negative Überzeugung in ein: `Alles ist möglich´ umzuwandeln. Aber du findest sicher deinen eigenen Weg, wie du das tun möchtest.

3. Gefühle spüren lernen

Wir fühlen die blockierenden Gefühle manchmal sehr genau.

In diesem Moment können wir die Gefühle zum Beispiel der Wertlosigkeit sofort als unsere Verletzung erkennen und zu uns nehmen, so wie es im Kapitel über die Bearbeitung der Blockaden beschrieben steht.

Es gibt aber viele kleine Situationen, wo wir zwar mit unserem Thema konfrontiert werden, aber die Gefühle dazu nicht wahrnehmen, da wir meistens abgelenkt sind. Ein großer Fortschritt für uns wäre, auch in diesen vielen kleinen Momenten, das zu den Überzeugungen passende Gefühl heraufkommen zu lassen, um es sogleich in Liebe anzunehmen. Da ist es schon erforderlich, innezuhalten, das Alltagstreiben kurz zu unterbrechen und uns selbst zuliebe in dieses Gefühl einzutauchen.

4. Dankbarkeit

Nur über die Dankbarkeit für deine Talente kommst du in den Fluss deines Erfolgs.

Wenn wir unsere Talente nicht sehen, unsere Talente nicht leben, dann geschieht der Wunsch nach Erfolg nur aus unserem Egostolz heraus. Wir wünschen uns Erfolg aus Eitelkeit – da uns schließlich auch die Gesellschaft vorschreibt, Erfolg und Leistung bringen zu müssen.

Arbeiten wir zu allererst mit unseren Talenten. Entdecken wir neue Talente und probieren wir sie aus. Haben wir Freude an dem, was da in uns steckt und lassen wir die Kreativität heraussprudeln. Erkennen wir unsere Einzigartigkeit und Genialität. Jeder von uns steckt voller Talente. Sie gehören gelebt. Unsere Seele wartet nur darauf, dass wir sie endlich leben. Dann kann sich der Wunsch nach Erfolg aus der Befriedigung unseres Minderwerts heraus verändern in ehrliche Dankbarkeit. Und wo Dankbarkeit fühlbar ist, entsteht Fülle – zuerst in uns, dann im Außen.

5. Und das Ganze mit Leichtigkeit!

Was bedeutet es mit Leichtigkeit und im Fluss meines Lebens sein? Wie geht das überhaupt? ʻGanz leichtʼ bedeutet hier, all das Wissen, das wir uns angeeignet haben, das Wissen, das wir auch intuitiv in uns tragen einfach anzuwenden. Es gibt nicht so viele Punkte zu beachten, die hier beschrieben sind. Mit Leichtigkeit bedeutet auch, dass es große Freude macht dieses Wissen anzuwenden vor allem dann wenn wir damit mehr und mehr in die Liebe zu uns selbst kommen. Leichtigkeit bedeutet auch Freude empfinden zu können auf diesem Weg.

Es ist so schön Mitgefühl für uns selbst zu empfinden. Jede Schwere, jede Anstrengung wird aufgehoben mit dem Wissen, dass wir unsere Blockaden mit jeder Situation auflösen können. Dieses Wissen mit Leichtigkeit anwenden bringt mich weiter in den Fluss meines Lebens – einfach weil es funktioniert.

Wiederholen wir einzelne Kapitel und Affirmationen so oft, bis wir es mit jeder Zelle unseres Körpers verstanden haben, bis wir dieses Wissen mit jeder Zelle abgespeichert haben. Einmal lesen wird nicht genügen, da unser Verstand schnell in seinen alten Modus zurückfallen wird. Wir wären schnell wieder mit dem Außen abgelenkt und würden all die neuen Erkenntnisse vergessen, würden uns schnell wieder als Opfer empfinden und unsere Verantwortung abgeben.

Wende einfach folgendes Wissen an und integriere es in dein Leben:
- Lebe in Eigenverantwortung!
- Steig aus der Opferhaltung aus!
- Du bist der Schöpfer und das immer!
- Du bist vollkommen!
- Bewerte weder dich noch andere!
- Nimm deine Gefühle an!
- Arbeite liebevoll mit deinem Inneren Kind
- Lerne immer deine Wahrheit auszusprechen
- Lerne aus dem Gefühl zu handeln
- Lerne authentisch zu sein
- Übe dich in Dankbarkeit zu leben
- Beobachte dich aufmerksam!
- Beobachte dich so oft wie möglich!

Und das alles bitte mit Liebe, Liebe und noch mehr Liebe. So wirst du Mitgefühl und Selbstwert erfahren. Du wirst in Frieden und Harmonie mit dir sein. Du wirst deine Talente sehen und sie leben. Du wirst Leichtigkeit und Freude empfinden. Du wirst dich lieben, so wie du bist.

Und dein Versager? Er wird sich gelegentlich zeigen - als Gefühl, als Überzeugung und zusammen mit deinem Inneren Kind wirst du ihn im selben Augenblick in Liebe verwandeln. Das ist der Weg.

Auszug aus dem Tagebuch:
Ich liebe dich – mein Versager in mir. Zum ersten Mal bist du ein Teil von mir. Nach so langer Zeit kann ich dich endlich zu mir nehmen und lieben. Du hast deine Berechtigung hier zu sein, ich werde dich nicht mehr wegstoßen. Du gehörst zu mir. Ich fühle überhaupt keine Bewertung mehr in mir. Mein Herz wird weiter und immer wärmer. Ich spüre die Liebe zu diesem verstoßenen Teil in mir. Es scheint mir jetzt so unverständlich, warum ich dich so lange verbannt habe. Wo und wann auch immer du entstanden bist, ist nicht wichtig.

Mit dieser Liebe kann ich meinen Versager integrieren. Mit dieser Liebe wird er in mein Herz gezogen. Was zuerst außerhalb war, ist jetzt in mir. Er ist jetzt in meinem Herzen. Ich habe Frieden geschlossen mit ihm, habe ihn nicht mehr bewertet, habe mein Inneres Kind zu mir genommen und fühle nun diese ganz starke Liebe.

WO GEHT DIE REISE HIN?

Du fragst dich vielleicht was passiert, wenn du diesen Weg weitergehst? Was das alles bringt, wenn du dich auf diese Arbeit einlässt? Hier ist meine Antwort auf diese Frage:

Anfangs steigst du in das neue Gefühl ein und im nächsten Augenblick bist du wieder im Alten. Lass dich davon nicht aus der Bahn werfen. Die Phasen, in denen du dir selbst und deinem Leben mit Liebe begegnen kannst, werden immer größer werden.

Dein Ego wird langsam nicht mehr die Führung und Kontrolle ausüben. Sich sorgen, grübeln, beleidigt sein oder gar auf Angriff gehen, brauchst du jetzt nicht mehr. Dein Hohes Selbst wird dein Leben leiten. Es wird eine Zeit kommen, wo du nur mehr aus deinem Gefühl lebst. Du wirst die Verbindung zu deinem Herzen fortwährend aufrechterhalten können. Du wirst jede Entscheidung mit dem Herzen und dem Gefühl treffen. Du wirst dich immer spüren – nicht nur gelegentlich. Dein Hohes Selbst wird dir klare Impulse geben, welcher Schritt dein nächster ist. Du wirst sofort erkennen, welche Muster und Prägungen dich heimsuchen und welche Gefühle präsent sind. Die Gefühle werden sich verändern. Es werden immer neue Gefühle auftauchen. Die Vorhergehenden sind geheilt. (Sollte das nicht der Fall sein, hast du dir diese Gefühle noch zu wenig ehrlich vergeben.) So darf sich ein Gefühl, eine

Überzeugung nach der anderen aus deinem Leben verabschieden. Alle deine Ängste, manchmal sogar Panikattacken wirst du bewusst durchleben. Auch sie werden sich verabschieden. Du wirst dich frei fühlen. Du wirst einen Frieden in dir verspüren von dem du bisher nur träumen kannst. Du wirst eine Liebe in dir fühlen, so konstant und allgegenwärtig, dass du ganz vergisst, wie du dich früher gefühlt hast. Du wirst endlich zufrieden sein mit dir und deiner Welt.

Du kannst nun freudvolle Erfahrungen erschaffen und deine Herzenswünsche können sich erfüllen. Durch deine wachsende Selbstliebe, Authentizität und Dankbarkeit wird jeglicher Mangel in deinem Leben verschwinden. Es wird keinen Mangel mehr geben. Nur noch Fülle - wie Innen, so Außen. Schwierige Konflikte und Beziehungen lösen sich vollständig auf da du keine Resonanz mehr dazu hast. Du wirst viel jünger sein, als die Menschen deiner Altersgruppe. Als junger Mensch wirst du viel reifer sein und weise Entscheidungen treffen. Wenn du gerade eine Blockade durchlebst – ein starkes Gefühl, egal welches – wirst du dich nicht mehr dafür schämen. Du wirst offen zeigen, wie du dich gerade fühlst - auch ohne Masken aufzusetzen. Es wird für dich ganz normal sein dich zu zeigen.

Auch wenn es anfangs ungewöhnlich für dein Umfeld sein mag. Diese Veränderungen wirst du erleben. Stell dich schon mal darauf ein.

MEIN WEG

Das was ich in diesem Buch beschreibe habe ich selbst erfahren und wende es selbst an. Ich verbinde mich jeden Tag mit meinem Herzzentrum, gehe mehrmals täglich mit meiner Aufmerksamkeit zu mir zurück. So leicht verstrickt man sich ins Außen. Erst wenn ich mich spüre, wenn ich meine Gefühle wahrnehmen kann, in bestimmten Momenten und überhaupt immer, fühle ich mich richtig. Und zwar ohne mich zu bewerten. Ich kann es nicht anders ausdrücken, man könnte es auch als ‚zentriert sein' bezeichnen.

Die Selbstbeobachtung ist ein fixer Bestandteil meines Lebens geworden. Ich möchte jede Opferhaltung, jeden Selbstbetrug erkennen und daraus aussteigen können. Auch wenn ich gelegentlich etwas übersehen – das darf mich nicht belasten. Ein anderes Mal gelingt es mir wieder.

Ein weiterer wichtiger Teil meines Lebens ist die Dankbarkeit geworden. Ich bedanke mich für die vielen schönen Momente und dieses wundervolle Leben das ich mir manifestiert habe. Ich bedanke mich auch für meinen wundervollen Körper-Bewegung, Natur, frische Luft, gutes Wasser, gesunde Ernährung, meinen Körper verwöhnen sind für mich lebensnotwendig geworden.

Ich liebe meinen Körper und gehe daher auch auf liebevolle Weise mit ihm um. Auch das gehört für mich zum Weg in die Selbstliebe.

In der Vergangenheit habe ich Seminare besucht und bin zu Lehrern gegangen, um mich bewusst zu entwickeln. Das ist eine Zeit lang für mich gut und richtig gewesen, aber irgendwann kommt der Zeitpunkt wo du all das Wissen und all das Gelernte anwenden möchtest und dich aus eventuellen Abhängigkeiten befreien möchtest und diesen Schritt habe ich dann auch gewählt. Die Arbeit, sich aus dem Alten heraus zu entwickeln bleibt immer bei mir selbst. Keine Energien, keine Menschen können für mich diese Transformation erledigen. Zuletzt ist es doch am wichtigsten auf die eigene Stimme zu hören und nach dem eigenen Gefühl zu gehen, egal was andere dir lernen oder vorleben möchten.

Das Wichtigste ist für mich eine gute Verbindung mit Mutter Erde zu spüren genauso wie eine gute Verbindung zu meinem höheren göttlichen Bewusstsein halten zu können, denn dann bin ich vollkommen in meiner Mitte, bin zentriert und klar und in meiner Kraft. Und mehr brauche ich eigentlich nicht. Alles andere ergibt sich aus dieser Kraft heraus.

ANHANG:

NOTFALL - ZETTEL

Du denkst, das wäre überflüssig? Aus meiner Erfahrung weiß ich, dass wir sehr schnell auf all das Neue vergessen und alt reagieren. Gelegentlich gibt es Situationen, die uns anfangs überfordern und bevor wir überhaupt etwas fühlen können, sind wir schon in der Ablehnung, im Widerstand und bleiben im Außen hängen.

Lies dir in heiklen Situationen, als Bewusstseins – Stütze, diese Zeilen durch und erinnere dich, was zu tun ist:

1. Du hast dir diese Situation selbst erschaffen! Niemand hat Schuld. Stoppe deine Bewertungen. Geh mit der Aufmerksamkeit jetzt nach Innen.
2. Welche Emotionen spürst du gerade? Nimm deine Emotion jetzt an und atme sie aus.
3. In welche Gefühle bringt dich diese Situation? Beschreibe deine Gefühle und nimm diese Gefühle jetzt an. Lass dir Zeit.
4. Vergib dir nun diese Gefühle, Gedanken, was auch immer.

Jedes Gefühl ist da, um gefühlt zu werden, ungeachtet dessen, was du als positiv oder negativ erachtest. Jedes Gefühl macht uns lebendig. Es ist richtig und gut diese Gefühle anzunehmen.

NOTFALL PROGRAMM:

Es gibt immer im Laufe unserer Entwicklung Tage und Stunden, wo alles sinnlos erscheint. Wir glauben nicht mehr an uns und unseren Weg, den wir eingeschlagen haben.

Das Herz fühlt sich schwer an. Man fühlt sich wie in einem trüben Nebel.

1. Benenne das Gefühl. (Ich nenne es hier und jetzt Hoffnungslosigkeit, Frustration und Hilflosigkeit.)

2. Erkenne, diese Gefühle sind deine Schöpfung! (Zum Beispiel: Liebe Hoffnungslosigkeit! Ich kann dich fühlen. Du bist jetzt gerade bei mir. Ich empfinde dich als sehr mächtig. Frustration und Hilflosigkeit, euch kann ich leichter annehmen.
Ja, ihr seid meine Gefühle.
Ja, ich habe euch erschaffen.
Ja, ich bin kein Opfer.)

3. Lass alle Ideen und Vorstellungen los. Lass die Ungeduld los. (Wir glauben manchmal, alles müsste schneller gehen. Unsere Entwicklung müsste uns schon weiter vorangebracht haben. Das bringt uns in eine Frustration.)

4. Du darfst dich so fühlen!
   Es ist völlig in Ordnung, wenn du dich gelegentlich so fühlst. Kämpfe nicht dagegen an. Sag zu dir selbst: Ja, ich darf mich so fühlen! Ja, ich habe genug Zeit meine Blockaden und Muster aufzulösen. Nur nicht aufgeben! Gib nicht auf, geliebtes Kind. Du bist auf deinem Weg. Der Weg ist das Ziel.
   Es gibt so lange frustrierende Momente bis du deine Gefühle trans-formiert und deine Gedanken verändert hast!
   Bis du dir eine neue Wirklichkeit erschaffen hast. Bleib auf deinem Weg!
   Es ist nichts sinnlos. Alles macht Sinn!

5. Hol dir Unterstützung! Wer oder was auch immer dich an-spricht - nimm Hilfe von anderen in Anspruch.
   Du musst nicht alles allein schaffen! Es gibt so viel Hilfe, auch die der geistigen Welt, wenn du dafür offen bist. Du bist nie allein!

Ich wünsche dir nun viel Geduld und Mitgefühl mit dir selbst bei der Anwendung und Umsetzung dieser Erkenntnisse. Wenn du dennoch gelegentlich das Gefühl hast, Unterstützung zu brauchen, findest du auf der folgenden Internet Seite einige Angebote, wo du dir das hier Beschriebene hautnah erarbeiten kannst.

Meine Angebote findest du unter:

www.gefühlswelten.eu

Ich möchte mich bedanken,
bei allen Menschen,
die mir in meinem Leben
als Spiegel gedient haben.

Danke, Hannelore, Erwin, Marc,
für die Aktivierung meiner Lernthemen.

Danke, Marc, Jana, Alexander
und Aramea für eure Liebe.

Danke Ariane, für die
wundervolle Arbeit mit den Pferden.

Ich liebe euch und danke euch
von ganzem Herzen!

Quellenverzeichnis

Betz Robert, Meditationen
Kläre die innere Beziehung zu deiner Mutter
Kläre die innere Beziehung zu deinem Vater

Hay, Louise L.
Gesundheit für Körper & Seele

Tipping, Colin C.
Radikale Vergebung

Weizenhöfer, Sibylle
Saint Germain – Die Schlüssel fürs Tor zum Goldenen Zeitalter